AF636671

Rikke Lentz

FLOWERS

Wie ich aus meinem Garten ein ökologisches Blumenparadies mache

INHALT

KAPITEL 5 125

KAPITEL 6 203

KAPITEL 7 219

KAPITEL 8 237

VORWORT

WARUM EIN BUCH ÜBER ÖKOLOGISCH GEZOGENE BLUMEN?

Warum noch ein Gartenbuch schreiben? Was kann ich Ihnen noch Neues erzählen? Ich würde sagen, in meinem vorliegenden Werk finden Sie garantiert ein paar Geschichten, die nicht in anderen Gartenbüchern stehen. Vor allem aber gibt es kein einziges dänisches Buch über den Anbau von Blumen nach der ökologischen Methode.

Ökologische Blumenzucht – das ist die Botschaft, die ich vermitteln möchte. Dazu gehört insbesondere, dass der Kontakt mit unnötigen und schädlichen Giftstoffen vermieden werden sollte. Wir müssen die Ressourcen und die Tierwelt im Boden berücksichtigen, und gerade hier ist der Verzicht auf Gift sehr wichtig. Darüber hinaus sollten wir bei unseren Entscheidungen stets unseren Einfluss auf das Klima im Auge behalten und so regional wie möglich einkaufen. Damit können wir Transportwege minimieren und unseren CO_2-Fußabdruck auf dem Planeten verringern. Warum also nicht gleich selbst Blumen anbauen? Nur so lässt sich der weite Transport von Blumen vermeiden, die darüber hinaus mit chemischen Düngern und Spritzmitteln belastet sind und oft in beheizten Gewächshäusern heranwachsen.

Es sind viele kleine Schritte in die richtige Richtung, die uns gemeinsam ein größeres Bewusstsein dafür vermitteln, was wir selbst zu einer gesünderen, nachhaltigeren und grüneren Umwelt beitragen können. Dazu zählt auch, dass wir uns um die Natur, unser Trinkwasser und alle Insekten kümmern, weil sie wichtige Bestäuber für unser Obst und Gemüse sind – was nichts anderes bedeutet, als dass wir uns damit auch um uns selbst kümmern.

Dieses Buch richtet sich an alle Interessierten, die noch nicht selbst mit dem Anbau von Blumen begonnen haben und einen tieferen Einblick in die ökologischen Produktionsmethoden wünschen. Sie erfahren, wie Sie einen Blumengarten organisieren, in dem Ihre Schätze eine ganze Saison lang blühen und gedeihen. Ich möchte Sie dazu inspirieren, einen Schnittblumengarten anzulegen, damit Sie während der Vegetationsperiode von April bis Oktober verschiedenste Blumen für üppige Sträuße pflücken und darüber hinaus die Saison mit getrockneten Blumen bis in den Winter hinein verlängern können.

Beim Lesen werden Sie hoffentlich spüren, dass ich Ihnen echte Begeisterung für Blumen, informative Lektionen und eine autodidaktische Herangehensweise an den Garten vermitteln werde. Das Buch basiert auf Methoden, die in meinem Blumengarten erfolgreich getestet wurden, sowie auf dem Know-how, das von vielen anderen klugen Köpfen zusammengetragen wurde. Es ist eine intuitive Welle der Kreativität, gemischt mit dem Wunsch, für schöne Blumen in der Natur und im Haus zu sorgen, die sowohl nachhaltig als auch umweltverträglich gewachsen sind. Nicht zuletzt möchte ich auch noch aufzeigen, dass es unglaublich stressabbauend wirkt, wenn man sich mit anderen Menschen draußen in der Natur trifft. Allein schon mit den Händen in der Erde zu wühlen wird sich positiv auf Körper und Seele auswirken.

Blumen schaffen immer Freude um uns herum, und wenn sie ökologisch gezogen sind, können wir sie obendrein unbesorgt und mit ruhigem Gewissen genießen.

KAPITEL 1

DIE ERSTEN ANFÄNGE

INSPIRATION

Meine Blumenfelder auf der Biofarm Mangholm in Nordsjælland (Nordseeland) wurden von unzähligen Menschen inspiriert, die schon vor mir Freude an der Natur gefunden haben. Besonders auf Erin Benzakein, die Gründerin von Floret Flowers, einer Blumengärtnerei in den USA, geht es zurück, dass ich mich heute hauptberuflich als Blumenbäuerin betätige. Wer ihr Buch *Cut Flower Garden* kennt, kann in meinem hier vorliegendem Werk Bilder finden, die mit ihren vergleichbar sind. Ist es nicht faszinierend, dass das, was an einigen Orten in den USA angebaut wird, auch im kalten nordeuropäischen Dänemark gedeiht? Ich bin völlig überwältigt von dieser Erkenntnis und habe großen Respekt vor der Arbeit, die die Betreiber von Floret Flowers großzügig mit allen teilen, die sich dafür interessieren. Und so habe ich mich entschlossen, in ihre Fußstapfen zu treten und ebenfalls mein Wissen zu teilen, das ich überdies mit vielen persönlichen Erfahrungen und Geschichten untermalen werde.

Eine weitere großartige Inspiration war mir der Ökologe Jens Juhl, der mit seiner Einführung in den ökologischen Gartenbau einen nicht unwesentlichen Beitrag zu meinem Buch geleistet hat. Jens ist vorbildlich in der ökologischen Pflege seines Gartens und war einer der Ersten, der mich 2011 unterrichtete. Jens Juhl und seine Frau Sølva Falgren ernähren sich weitgehend autark von Gemüse, Beeren und Obst, den ungespritzten Nahrungsmitteln, die sie aus den ca. 70 Quadratmeter großen Hochbeeten in ihrem Kleingarten ernten.

Künstlerisch bin ich von Piet Oudulf inspiriert, dem bekannten niederländischen Gartenarchitekten, der Staudenbeete mit fülligen Gräsern entwirft und die Großstädte mit langen Promenaden und großen Staudengruppen schmückt. Diese sehen selbst in verblühtem Zustand noch schön aus. Das dänische Gegenstück dazu ist das Gartencenter Overdam Planteskole in Hørsholm.

Auf der rechten Seite sehen Sie ein paar Bilder aus dem Gartencenter. Es bot mir jede Menge Inspiration bei all meinen Besuchen. Besonders im Spätsommer präsentiert sich die Anlage von ihrer schönsten Seite.

RECHTE SEITE:
Links oben: *Im Hintergrund Riesen-Chinaschilf* (Miscanthus floridulus). *Im Vordergrund lila Schiefe Schildblume* (Chelone), *Kerzenknöterich* (Persicaria amplexicaulis), *Becherpflanze* (Silphium), *Reitgras* (Calamagrostis) *und lila Gewöhnlicher Wasserdost* (Eupatorium cannabinum).

Rechts oben: *Silber-Perowskie* (Perovskia), *Fetthenne* (Sedum *'Matrona') und Purpur-Sonnenhut* (Echinacea purpurea*).*

Links unten: *Dieses beeindruckende Gras ist Chinaschilf* (Miscanthus floridulis *'Hermann Müssel').*

Rechts unten: *Gewöhnlicher Wasserdost* (Eupatorium cannabinum), *Schiefe Schildblume* (Chelone) *und Becherpflanze* (Silphium) *– und Chinaschilf* (Miscanthus) *im Hintergrund.*

Die Gartenarchitektin Jane Schul hat mich durch ihre Bücher und Vorträge inspiriert. Insbesondere ihr Buch *Hvilken plante hvor* (Welche Pflanze wo?) hat mir die Augen dafür geöffnet, warum es mir im Lauf der Zeit immer wieder gelungen ist, so viele unschuldige Pflanzen umzubringen, weil ich sie an den falschen Stellen eingesetzt habe.

Außerdem faszinieren mich Blumengemälde aus der Zeit vom 17. bis zum 19. Jahrhundert. Die herrlichen Gemälde lassen mich von großzügigen Blumenarrangements träumen, die ich gern gestalten würde.

Zusätzlich gibt es einige amerikanische und englische Blumenbauern, die ich auf Instagram entdeckt habe. Es ist lehrreich und inspirierend zu sehen, welche Ergebnisse sie Tausende von Kilometern von meinem Blumenfeld in Hillerød entfernt erzielen. Selbst in Dänemark holen wir auf, und ich sehe eine Welle talentierter Blumenbauern, die prachtvolle, nachhaltige, ungespritzte Blumen züchten und Kreationen zaubern, die jeden beeindrucken. Instagram ist eine wahre Schatztruhe an Inspiration und Schönheit.

Ich hoffe, dieses Buch zeigt Ihnen, dass es wirklich Spaß macht, mit der Natur zu spielen, und es überhaupt nicht schwierig ist, den Boden ökologisch zu bewirtschaften. Das Buch ist genau richtig für Sie, wenn Sie etwas Neues im Garten ausprobieren möchten, indem Sie Blumen selbst anbauen und Ihre Vasen mit Ihren eigenen Schätzen schmücken. Am Anfang steht der Wunsch, Samen zu säen, die Jungpflanzen in die Beete zu setzen und sie gut zu pflegen. Sie werden ein wahres Blumenabenteuer erleben. Ob im Kleinen oder im Großen, liegt ganz bei Ihnen.

Ich möchte Sie nun auf mein ganz persönliches Abenteuer mitnehmen und Ihnen zeigen, wie Sie Stauden und Sommerblumen einfach und ökologisch säen können. Ich vermittle Ihnen nützliches Wissen über das Anlegen eines Gartens für Schnittblumen und über das Arrangieren von Blumensträußen. Außerdem leite ich Sie an, wie Sie ein brauchbares, einfach zu pflegendes und schönes Staudenbeet planen können – ein Beet, das fast von ganz allein gedeiht und wunderbare Pflanzenkombinationen enthält, zum Beispiel:

- Gräser, Disteln, Sonnenhüte
- Spargel, Tagetes und Schmuckkörbchen
- Dahlien, Prachtkerzen und Schleierkraut

I
ØKO

DIE SPRACHE DER BLUMEN

Blumen nehmen einen großen Platz in unserem Leben ein und gehören zu den Geschenken, die wir immer zu einem Fest mitbringen können – ganz gleich, ob es sich um einen schlichten Tulpenstrauß oder um ein größeres gemischtes Bukett aus dem Blumenladen handelt. Sogar Männer freuen sich über einen schönen Strauß zum Geburtstag, zu einem Jubiläum oder einem anderen Anlass, zu dem wir etwas ganz Besonderes ausdrücken möchten. Blumen bereiten Freude und sind eine sichere Karte, wenn wir jemandem sagen wollen, dass er oder sie uns etwas bedeutet.

In früheren Zeiten hatten die Blumen bestimmte Botschaften, und man konnte Nachrichten durch sie übermitteln. Nicht nur die Art der Blumen, sondern auch die Anzahl und die Farbe waren Symbole. Eines dieser Symbole, das auch heute noch gilt, ist ein Bukett aus langstieligen roten Rosen – ein Kauf, den wir ökologisch praktizierende Blumengärtnerinnen und -gärtner lieber nicht unterstützen möchten, da die Rosen meist mit dem Flugzeug aus Afrika oder Lateinamerika eingeflogen werden.

Hier ein paar Beispiele für die vielfältige Blumensprache:

Mit Kronenanemonen etwa können Sie zum Ausdruck bringen: „Ich denke Tag und Nacht an dich", ein Basilikumsträußchen symbolisiert Sanftmut und Sensibilität, und hinter Dahlien lässt sich die bange Frage verbergen: „Darf ich mich nähern?" Doch nur wenige Menschen scheinen heute noch die Sprache der Blumen zu verstehen. Sicherlich kann man zu Recht behaupten, dass ein auf einem Biofeld selbst gepflückter Blumenstrauß an sich eine starke Symbolik beinhaltet.

Für mich hatten Blumen schon immer eine sehr große Bedeutung, ohne dass ich mir dessen bewusst gewesen war. Mein Vater hatte viele Zinnien und Strohblumen und meine Mutter einen Topfgarten mit hängenden Blumenampeln. Sie wurden jeden Frühling mit Sommerblumen bestückt und den ganzen Sommer über gegossen, gehegt und gepflegt, bis der Frost kam. Mein Vater säte Tomaten und Tagetes auf der Fensterbank, und ich erfuhr, dass Tagetes auch in einem Gewächshaus nützlich sein können, da sie einen Duft verströmen, der Schädlinge wie etwa Läuse fernhält. Darüber hinaus sind die Blüten genießbar und können als Garnitur für Salate oder Kuchen verwendet werden.

Obwohl Blumen also definitiv eine große Rolle in meinem Leben gespielt haben, hätte ich mir nie träumen lassen, dass sie mir jemals so viel bedeuten würden wie heute. Es scheint, als habe mein Hobby das Ruder übernommen – und nun beansprucht es all meine Zeit.

Das Wichtigste an den Blumen ist jedoch, dass sie mit ihren Pollen Nahrung für Bienen, Hummeln, Schmetterlinge und andere wichtige Insekten liefern. Der Blumengarten ist voller Leben. Selten habe ich so viele Schmetterlinge und Bienen an einem Ort gesehen, die nur von Blume zu Blume fliegen und Nahrung sammeln. Wenn die Landschaft nur aus Feldern mit Monokulturen von Getreide und anderen Kulturen – grünen Wüsten – besteht, gibt es keine Nahrung für die Insekten. Momentan sind wir bereits auf dem besten Weg, zahlreiche nützliche Insektenarten zu verlieren. Blumen sind umso wichtiger für die Erhaltung der Artenvielfalt auf der Welt – damit auch in Zukunft unsere Bäume und Sträucher bestäubt werden können.

Meine Botschaft lautet also: Fangen Sie einfach an, Blumen zu säen. Jede Art hilft.

MEINE REISE INS BLUMENABENTEUER

Wie hat alles angefangen? Und wie bin ich zur ökologischen Blumenbäuerin geworden? Mit diesen Fragen werde ich häufig konfrontiert.

Lassen Sie uns bis in meine Kindheit in Skagen in den 1970er- und 1980er-Jahren zurückgehen. Mein Vater baute Blumen und Gemüse an, und ich liebte es, ihn auf Schritt und Tritt zu begleiten. Ich erinnere mich noch an seine Strohblumen und Zinnien, die in feinen Reihen im sandigen Boden standen. So habe ich schon früh gelernt, dass die Erde ein Geschenk ist, das viel zurückgeben kann – solange man sie mit Sorgfalt hegt und pflegt. Mein Vater nutzte etwa Hühnermist als Dünger, sowohl im Gewächshaus als auch im Freien. Er wusste sehr wohl, dass das scharfe Substanzen waren, die die Pflanzen sogar schädigen konnten, daher verwendete er sie sehr behutsam und in der richtigen Dosierung. Weil der Boden dort oben im hohen windgepeitschten Norden so sandig war, fügte er ihm auch organisches Material in Form von Pferdemist hinzu. Dann gab es etwas für die Regenwürmer und etwas, das der Erde Textur verleihen konnte. Er benutzte nie einen anderen Dünger und spritzte die Apfelbäume nur mit Seifenwasser und Alkohol, wenn sie von Läusen befallen waren.

Als ich älter wurde, begann ich mich in den 1990er-Jahren für Fotografie zu interessieren. Ich liebte es, die Blumen zu Hause im Garten meines Vaters abzulichten, und war sehr stolz, als einige meiner Fotos auf Ansichtskarten gedruckt wurden und in einigen Cafés in Kopenhagen zur freien Verfügung auslagen.

Mit meinem ersten richtigen Garten bekam ich es während meiner Zeit in New York zu tun. Ich wohnte in New Jersey im Dachgeschoss eines Zweifamilienhauses und durfte auch den Garten nutzen. Damals arbeitete ich für eine Gärtnerin, Beverly, die auf Manhattans Pent-

house-Terrassen Gärten anlegte. Oft war etwas von der Arbeit des Tages übrig. Entweder mussten Pflanzen entfernt werden, weil sie zu groß geworden waren, oder wir hatten zu viele. Ich nahm die Reste mit nach Hause und begann meine eigenen Beete zu bepflanzen. Der Boden dort war jedoch ziemlich kontaminiert. Wenn man einen Spatenstich tat, tauchten seltsame Dinge wie alte Kinderschuhe oder rostige Dosen aus dem Boden auf. Während dieser ersten Gartenerfahrung und meiner Arbeit für Beverly sprang der Blumenfunke auf mich über, und ich beschloss, selbst etwas anzubauen. Damals war ich gerade 30 Jahre alt geworden.

In diesen Jahren fotografierte ich oft Blumen und beschäftigte mich intensiver mit der Fotografie, da ich gleichzeitig eine Ausbildung zur Fotografin absolvierte. Orchideen und andere exotische Blumen waren meine bevorzugten Modelle und, aus nächster Nähe mit Makroobjektiven aufgenommen, sehr faszinierend. Von Beverly wurde ich schließlich beauftragt, all ihre Penthouse-Gärten für ihr Portfolio zu fotografieren.

Es sollte jedoch noch weitere zehn Jahre dauern, bis ich wieder einen eigenen Garten besaß. Diesmal handelte es sich um einen Nutzgarten in Vedbæk, der 20 x 10 Meter maß. Ich bepflanzte ihn mit essbaren Gemüsesorten und vielen Blumen. Als ich ihn übernommen hatte, gab es bereits einige Beerensträucher und Stauden. Ich fing mit dem Tauschen von Pflanzen an und traf auf diese Weise viele nette und großzügige Hobbygärtner über Gartengruppen auf Facebook. Jedes Mal, wenn ich eine neue kleine Pflanze in der Hand hielt, übte ich mich darin, mich an ihren Namen zu erinnern. Die Tatsache, dass ich dann nach Hause ging und sie einpflanzte, wo gerade Platz war, ohne an Lichtverhältnisse, Bewässerung oder

Dünger zu denken, ließ natürlich viele unschuldige Wesen eingehen.

In diesen Jahren lernte ich sehr viel, vor allem weil ich immer so lange experimentierte, bis ich Erfolg hatte. Das Buch von Jane Schul half mir dabei, auf die richtige Spur zu kommen.

In den folgenden Jahren vergrößerten sich meine Gartenbegeisterung und mein Pflanzenwissen gleichermaßen. Ich fing an, mich eingehender mit dem Thema zu beschäftigen, einschlägige Bücher zu lesen, Gartenmagazine zu abonnieren und in die Bibliothek zu gehen. Ich suchte immer wieder Gartenenthusiasten auf, besuchte Vorträge über Stauden- und Grasgärten und nahm an einem Abendkurs über ökologischen Landbau teil. Mich um den Boden zu kümmern war für mich von Anfang an selbstverständlich, und ich bin mir ziemlich sicher, dass sich dies auf meine ersten Erfahrungen im Garten meines Vaters zurückführen lässt.

Inzwischen war ich nach Brede gezogen, wo ein alter, schöner Garten zum Haus gehörte, der in den 1950er-Jahren angelegt worden war. Der Vorbesitzer war Gärtner und hatte eine klare Vorstellung davon, wie der Garten aussehen sollte, wenn die Pflanzen größer würden. Heute ist der Garten voller alter Hasel- und Kastanienbäume, immergrüner Sträucher wie Thuje und Eibe, Rhododendron, Bambus, Geißbart, Wacholder sowie einiger Obstbäume. Im Winter ist er wunderschön grün, denn die Bäume durften wachsen, was aber zur Folge hatte, dass viele Pflanzen in den schattigen Beeten nicht gediehen. Und so lud der Garten in Brede mehr zum Sein als zum Tun ein.

Der Nutzgarten in Vedbæk hingegen hatte die geniale Funktion, einen sonnigen Ort zum Experimentieren und Ausprobieren zu bieten. Denn mittlerweile war ich von Blumen geradezu besessen. Es gab mir so eine Ruhe, in der Erde zu buddeln! Die Zeit blieb einfach stehen, wenn ich im Garten war.

Jäten, Pflanzen, Gießen, eine Tasse Kaffee, etwas mehr Jäten und zum Schluss vielleicht

Brede Havekiosk
SPECERIER
OCH
Läskdrycker

einen Blumenstrauß pflücken, den ich mit nach Hause nehmen oder einer Freundin schenken konnte. Das bedeutete Zeit für mich allein und Wohlfühlbeschäftigung. Das Gefühl im Körper nach einem langen Tag draußen konnte mit nichts anderem mithalten. Physisches und psychisches Wohlbefinden ist die beste Beschreibung. Ich konnte spüren, dass es gut für mich war: nur mit mir selbst in der Natur zu sein.

Während dieser Zeit, in der ich den Nutzgarten mein Eigen nannte, absolvierte ich eine Ausbildung zur Sozialarbeiterin und begann meine Arbeit mit sozial Benachteiligten. Nach einem langen Tag mit vielen Geschichten, die geistig anstrengend sein konnten, half mir der Garten, wieder Frieden zu finden und den Kopf freizubekommen. Weil er eine so positive Wirkung auf meine eigene Psyche hatte, studierte ich Literatur über Projekte auf der ganzen Welt, bei denen Menschen mit Traumata durch heilende Beschäftigung mit Pflanzen geholfen werden konnte.

Damals begann ich bereits davon zu träumen, eines Tages selbst einen Garten anzulegen, um Menschen dorthin einzuladen, um die Heilkräfte der Natur zu spüren.

Ich war um die 40 Jahre alt und eröffnete einen kleinen Straßenstand neben dem Haus in Brede. Dort begann ich, Blumen zu verkaufen. Die Sommer- und Blumensaison in Dänemark ist ziemlich kurz und intensiv. Alles blüht auf einmal, und es gibt viel zu viel, um alle Vasen im Haus zu füllen. Mein Mann Mikkel hatte die Idee für den Straßenstand – und damit war der *Brede Havekiosk*, der Gartenkiosk, geboren. Ich verkaufte kleine Blumensträuße aus Blumen, von denen ich zu viele im Nutzgarten hatte. Damit erzielte ich ein kleines Einkommen, mit dem ich neue aufregende Pflanzen kaufen konnte. Und so begann auch mein Interesse an den faszinierenden Saatgutunternehmen außerhalb Dänemarks.

Kurz darauf startete ich erste Versuche, die unterschiedlichsten Stauden und Sommerblumen zu säen und meine eigenen Pflanzen zu ziehen. Diese wiederum konnte ich zu gegebener Zeit tauschen oder verkaufen. Der Nutzgarten hatte genau die richtige Größe, um die Pflege des Gartens und meinen Vollzeitjob als Sozialarbeiterin unter einen Hut zu bekommen.

Leider gibt es im Leben oft Eulen im Moor, Schlangen im Paradies, Kühe auf dem Eis und hungrige Wühlmäuse unter der Erde. Besonders Letztere können für einen Gartenenthusiasten ein großes Ärgernis darstellen. Ich erinnere mich noch gut daran, als mein Vater

eines Tages nach Hause kam und „verfluchte Wühlmäuse" rief – als er ganze Reihe Gemüse herausziehen konnte, das nur noch aus der grünen Spitze über dem Boden bestand.

Die Wühlmausplage machte ihn wahnsinnig, denn nach all der harten Arbeit konnte alles in einer Nacht schwuppdiwupp weg sein – verspeist von den so unglaublich gefräßigen und gierigen Pflanzenfressern.

Im Nutzgarten erlebte ich im Lauf der Zeit, dass unterirdische Gänge und Löcher im Boden auftauchten und große, schöne Pflanzen locker wurden. Ich kämpfte mit den Mitteln, die mir zur Verfügung standen: Fallen und frischem Fisch in den Gängen, denn ich hatte gehört, dass dieser, wenn er verrottete, die Wühlmäuse abschreckte – was aber in meinem Fall nichts brachte. Erfindungen mit lauten Geräuschen in den Gängen, angetrieben von Solarzellen, halfen mir auch nicht, und so kapitulierte ich schließlich, als meine Apfelbäumchen wie gespitzte Bleistifte herausgezogen werden konnten.

Ich gab den Nutzgarten auf und suchte nach einem neuen Platz, an dem ich meine Liebe zu den Pflanzen weiterentwickeln konnte. So kam ich zur Biofarm Mangholm in Hillerød in Nordsjælland, wo ich jetzt 2000 Quadratmeter Land besitze und mein Blumenhobby zu meiner Vollzeitbeschäftigung geworden ist.

KAPITEL 2

DAS ÖKOLOGISCHE BLUMENABENTEUER

DIE ENTSTEHUNG DES BLUMENGARTENS AUF MANGHOLM

Im Jahr 2016 besuchte ich die Farm Mangholm zum ersten Mal. Die Eigentümer Tine und Torben Hage kannte ich oberflächlich von meinem vorherigen Job. Nach der Zeit in New York war ich fast 15 Jahre in der Filmindustrie tätig, aber das ist eine andere Geschichte. Tine Hage hatte sich in der Zwischenzeit dazu entschlossen, Biobäuerin und Farmbesitzerin zu werden. Ich wollte ihr mit meiner Familie während des Herbstmarkts einen Besuch abstatten und leckeren Schichtkuchen essen. Der Mangholm-Besuch war daher schicksalhaft. Ich war sofort angetan von der Ruhe und der schönen Landschaft – selbst der Schichtkuchen blieb mir als etwas ganz Besonderes in Erinnerung. Als ich sah, dass sie auch kleine Parzellen Land bewirtschaftete, verliebte ich mich auf der Stelle in das Chaos, das dort mit Gemüse und Blumen in wildem Durcheinander herrschte.

Als ich dann im Winter 2017 nach neuen Flächen für den Blumenanbau suchte, die den von Wühlmäusen befallenen Nutzgarten ersetzen konnten, postete ich das in verschiedenen Facebook-Foren. Tine Hage las meine Zeilen und bot mir an, auf der Farm bei Hillerød Blumen zu züchten. Ich beschloss, mir die Gegebenheiten anzuschauen, und kam an einem nassgrauen Februarmorgen in Mangholm an. Tine zeigte auf einen riesigen Schweinestall direkt am Eingang, dem zentralsten Ort auf dem Weg in den Hof. Die Schweine müffelten und stanken, und es war kein einziger Grashalm zu sehen. „Hier", sagte Tine, „könntest du doch Blumen anbauen. Wie wär's?"

Ich dachte zunächst, sie scherzt, und konnte mir nicht vorstellen, dass ich jemals etwas aus diesem Erdboden herausbekommen würde. Die Tatsache, dass es dort nichts annähernd Blumenähnliches gab, schüchterte mich ein. Ich fühlte mich, als stünde ich vor einer vollkommen leeren Leinwand.

Das Grundstück mit den Schweinen war ca. 500 Quadratmeter groß und sehr fruchtbares Land. Als Tine sah, wie geschockt ich war, schlug sie vor, dass wir das Stück teilen könnten. Ich wollte erst darüber nachdenken, doch dann geschah etwas Merkwürdiges – ich war ergriffen! Plötzlich sah ich vor meinem geistigen Auge Farben auf der leeren Leinwand auftauchen.

Ich ließ mir ein Luftbild des Grundstücks schicken, um die tatsächlichen Ausmaße zu erfassen, und zeichnete davon ausgehend meinen zukünftigen Garten auf Papier. Ich fing an, Bilder von Staudenbeeten zu sammeln, wenn ich deren Zusammensetzung der Pflanzen fantastisch fand. Und dann entwarf ich den Garten. Ich zeichnete Wege und Beete und begann, mein Stück Land von ca. 300 Quadratmetern systematisch zu planen. Die Beete teilte ich in 2 x 5 Meter und 4 x 5 Meter große Teile ein, weil ich sie so am besten überblicken konnte. Außerdem zeichnete ich Vierecke, die Beete von jeweils 0,8 x 1 Meter werden sollten. So konnte ich nun den Garten in verschiedene Abschnitte unterteilen.

Es gab eine Reihe von Stauden, die ich aus dem pestizidfrei angebauten Nutzgarten

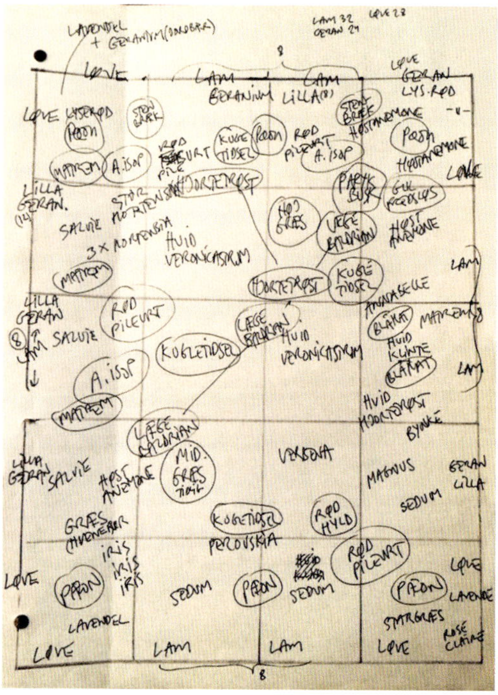

mitnehmen konnte. Solange sie wurzelnackt, also ohne jegliche Anhaftung von Erde, nach Mangholm gebracht wurden und ich eine Liste über die Anzahl jeder Sorte mit ihren dänischen und lateinischen Bezeichnungen erstellen konnte, war es möglich, von der Landwirtschaftsbehörde eine Ausnahmegenehmigung zu erhalten, sie auf ökologisch bewirtschaftetem Boden einführen zu dürfen.

Die Zeichnung oben zeigt, wie man sein Beet für einen besseren Überblick in Quadrate und kleinere Teilstücke einteilen kann und wie viele Pflanzen beim Auspflanzen verwendet werden müssen. Dieses Beet ist fünf Meter lang und vier Meter breit. Es besteht aus 20 Quadraten zu je einem Quadratmeter Fläche. Auf einem Quadratmeter können zwar viele verschiedene Pflanzen problemlos zusammenleben, aber man sollte wissen, welche Sorten schnell groß werden und welche langsamer wachsen: Die niedrigen Pflanzen sollten immer außen und die hohen Pflanzen in der Mitte platziert werden. Alternativ kann man die höheren Gewächse auch hinten im Beet einsetzen.

Ich verbrachte viele Abende mit Zeichnen und Planen und beschloss, mich voll auf das Projekt zu konzentrieren. Die Gelegenheit, eine völlig leere Leinwand zur Verfügung zu haben, wurde plötzlich das Aufregendste, was ich mir vorstellen konnte. Auf einmal hatte ich die Gelegenheit, mein eigenes Pflanzen- und Blumengemälde zu erschaffen. Meine Mission war es, den Garten sowohl für mich als auch für die Besucher der Farm so aufregend und interessant wie möglich zu gestalten.

Als es an der Zeit war, den Garten anzulegen, bat ich um helfende Hände, wo immer dies möglich war. Zum Glück gab es Freunde und meinen Ehemann. Sie halfen, alle meine Stauden zu transportieren und Hunderte von kostenlosen sechseckigen Platten abzuholen, die ich durch eine Kleinanzeige in der Zeitung gefunden hatte. Ich legte sie in all die vielen Beete, wie unten auf Seite 28 zu sehen,

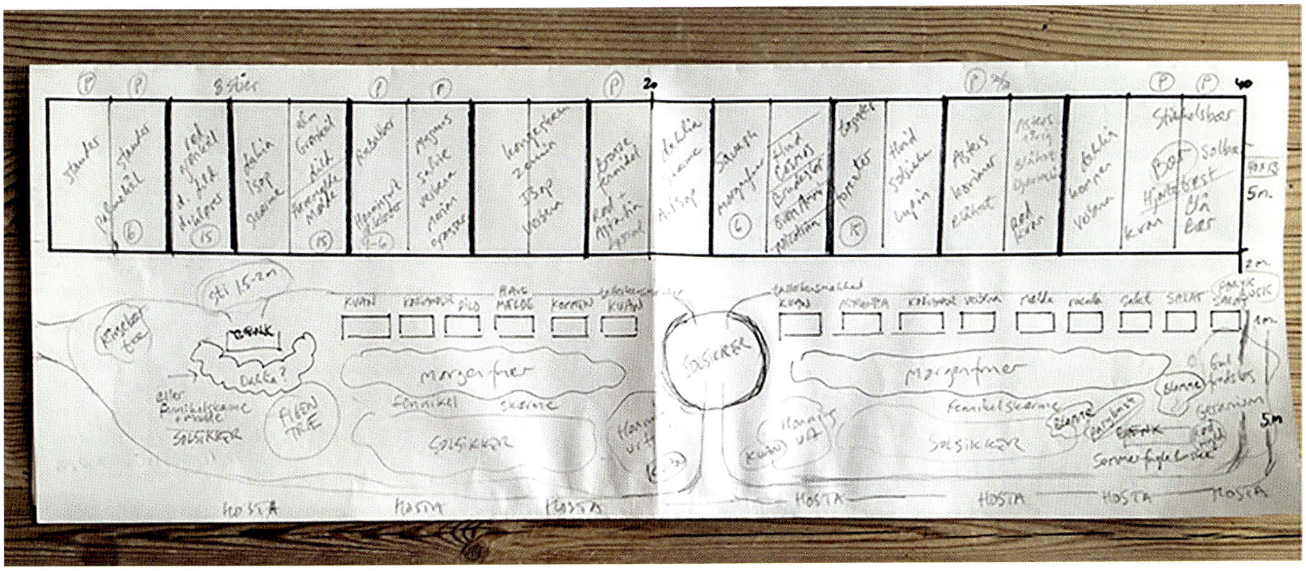
Morgenfruer
Solsikker
SOLSIKKER
Morgenfruer
Solsikker
HOSTA
HOSTA
HOSTA
HOSTA
HOSTA
HOSTA
HOSTA

sodass es möglich wurde, zum Unkrautjäten und Blumenpflücken in das Beet zu treten. Auf den Wegen wurden Holzspäne verteilt, und dank der vielen Helfer nahm der Garten langsam Gestalt an. Ich telefonierte herum und schaffte es, schöne runde Eiseneinfassungen für die Beete und einen Holzschuppen kostenlos zu bekommen. Noch heute bin ich zutiefst dankbar, dass es einige Leute gab, die an das Projekt glaubten, als es noch in den Kinderschuhen steckte.

So wurde mein erster eigener Garten angelegt. Es gibt ihn immer noch, und er ist bis heute an den Wochenenden für die Besucher von Mangholm geöffnet. Mittlerweile bewirtschafte ich sogar das gesamte Stück von 500 Quadratmetern Land, und die Flächen sind hauptsächlich mit Stauden, Gräsern und Sträuchern bestückt. Natürlich gibt es auch Unkraut und einige durch Selbstaussaat gewachsene Pflanzen, aber ich bringe es einfach nicht übers Herz, sie auszureißen. Der Staudengarten repräsentiert sowohl Ordnung als auch Chaos – ein Ort, an dem ich mich sehr wohlfühle. Persönlich liebe ich den wilden und natürlichen Ausdruck, der ohne Frage einer gewissen Ordnung unterworfen ist, aber der auch Raum für den Eigenwillen der Natur lässt, selbst wenn ich als Gartenbesitzerin natürlich immer das letzte Wort habe.

Die beiden unteren Bilder zeigen das Beet im April und August desselben Jahres. Am äußeren Ende des Beetes, zum Rand hin, sind niedrig wachsende Pflanzen wie Frauenmantel, Japan-Segge, Wollziest, Beifuß und Silbersalbei, die ich rundherum gepflanzt habe. Die hohen Stauden in der Mitte sind Wasserdost, Ehrenpreis, hohe Gräser und Baldrian. Die mittelhohen Stauden zwischen der Mitte und dem vorderen Rand sind Pfingstrosen, Fetthenne, Sterndolde, Purpur-Sonnenhut, Anis-Ysop, Kerzenknöterich, Herbstanemonen, Wiesenknopf und Geranien.

SO WURDE ICH ZUR BLUMENBÄUERIN

Das Gartenprojekt hat sich seit dem Frühjahr 2017 rasant entwickelt. Bereits in der ersten Saison wurde eine Freiwilligengruppe gebildet. 2018 erweiterte ich dann mein Stück Land von 300 auf insgesamt 1100 Quadratmeter. 2019 füllte mein Blumengarten bereits die gesamten 2000 Quadratmeter aus. Nachdem der Garten vorwiegend eine Art Nutzgarten für mich und die Besucher der Farm war, wurde der größte Teil zu einem Produktionsgarten mit Blumenfeldern ausgebaut, um der Nachfrage nach ökologisch gezogenen Blumen in meiner Region gerecht zu werden.

Gleichzeitig mit dem Gartenprojekt schloss ich einen Master in Social Entrepreneurship and Management an der Universität Roskilde ab, wo ich in mehreren schriftlichen Arbeiten zusammen mit anderen Studierenden das Potenzial von ökologisch gezogenen Blumen erforschte. Wir untersuchten, wie sich der Markt für Bioblumen gestalten könnte und ob es möglich wäre, Arbeitsplätze für diejenigen zu schaffen, die am weitesten vom Arbeitsmarkt entfernt sind. Außerdem befassten wir uns damit, welche Bedeutung Freiwilligenarbeit in einem Blumenprojekt für den Einzelnen hat.

Trotz des Ergebnisses unserer Recherchen, dass der Anbau von Freilandblumen kein besonders profitables Geschäft sein würde und es vorerst nicht in Betracht gezogen werden könnte, jemanden einzustellen, beschloss ich, mich kopfüber in eine Vollzeitbeschäftigung als Blumenbäuerin zu stürzen.

Manche würden das wahrscheinlich als verrückt bezeichnen, aber da kam die jütländische Sturheit aus mir heraus. Ich hatte ja gelesen, dass meine Inspirationsquelle, die Gründerin von Floret Flowers in den USA, es geschafft hatte, ihren Lebensunterhalt damit zu verdienen. Jedoch wäre es ohne die Tatsache, dass mein Mann das Projekt unterstützte und es sich leisten konnte, die Miete allein zu bezahlen, einfach nicht möglich gewesen, mich als Blumenbäuerin zu verwirklichen. Aber wir glaubten beide an das Projekt. Ich warf mich also mit ganzem Herzen und einem großen Sprung in das Vollzeitleben als Blumenzüchterin und ließ mich von meinem Studium beurlauben. So konnte ich die gesamte zweite Saison auf den Feldern arbeiten und im Winter meine Diplomarbeit schreiben, die sich mit Freiwilligenarbeit befasste und die ich im Frühjahr 2019 abschloss. Unter anderem habe ich die fünf Freiwilligen als meine empirische Grundlage zur Vertiefung in das Thema verwendet.

Darüber hinaus ließ ich Brede Havekiosk im Jahr 2019 als sozioökonomisches Unternehmen registrieren und hoffte so auf mögliche

Kooperationen bei der Entwicklung sozialer Projekte im Blumengarten, während die Blumen genug Gewinn abwerfen sollten, damit ich meinen Lebensunterhalt verdienen könnte.

Die unbescheidene Wahrheit ist, dass die Einnahmen der ersten zwei Jahre für Investitionen in einen Gewächshaustunnel, ein Bewässerungssystem, einen gebrauchten Van und vieles mehr sowie natürlich auch zum Sammeln einer großen Portion Erfahrung verwendet wurden. Blumenbäuerin zu sein bedeutet viel praktische Arbeit und ständig wechselnde Aufgaben. 2019 hatte ich die Gelegenheit, eine Auszubildende einzustellen. Mit ihrer großartigen Hilfe wurden 2020 Anstrengungen unternommen, um die Arbeit im Garten weiter zu rationalisieren und die Verkaufsarbeit zu fördern.

Mit dem Blumengarten sind viele Träume verbunden, darunter beispielsweise der, dass der Garten weiterhin freiwilligen Helfern offen stehen sollte, die sich wie ich darüber freuen, in der Erde zu buddeln. Oder jener, Bedürftigen einen großzügigen Ort zu bieten, an dem sie einen Beitrag leisten und daran teilhaben können, etwas Sinnvolles zu schaffen. Und auch der Traum zählt dazu, die Botschaft der Bedeutung ökologischer Blumen zu teilen und zu vermitteln, damit regional angebaute Blumen verstärkt zu einem Produkt in den Regalen von Supermärkten oder Blumenhändlern werden.

Ich und mehrere andere ökologisch arbeitende Blumenproduzenten in Dänemark möchten die Botschaft verbreiten, dass wir uns um die Ressourcen der Erde kümmern und die Natur schützen müssen. Ich glaube fest daran, dass wir alle dazu beitragen können, indem wir unsere eigenen Blumen anbauen und den Verbrauch von Blumen reduzieren, die von fernen Kontinenten hierhergeflogen werden und dadurch unseren Planeten belasten.

DAS MOODBOARD ALS MOTIVATIONSHILFE

2018 verbrachte ich die Winterabende damit, an einem Onlinekurs von Floret Flowers teilzunehmen, um noch mehr über den Anbau von Blumen zu lernen. Es war eine großartige Erfahrung, mich in eine Reihe von Videoclips zu vertiefen, die durch und durch das Leben als Blumenbäuerin zeigten. Dabei bin ich definitiv auf den Geschmack gekommen, mich vollends in meinen Blumentraum zu stürzen.

Eine der ersten Aufgaben war es, ein Moodboard über meinen zukünftigen Garten und mein eigenes Blumenabenteuer zu erstellen. Es sah so aus, wie Sie auf dem Bild unten sehen.

„Wie soll Ihr Garten aussehen, und wie soll er genutzt werden?", wurde ich gefragt. Ich schnitt Bilder aus meinen alten Gartenmagazinen aus und klebte sie auf das Plakat. Es steht immer noch neben meinem Bett, und vieles ist auch genauso geworden, wie ich es mir erträumt hatte, während andere Dinge noch in einer ungewissen Zukunft liegen. So war ich mir immer noch nicht sicher, welche Arten von Blumen ich anbauen wollte und an wen die ganzen Prachtstücke verkauft werden sollten.

Während meines Studiums an der Roskilde-Universität hatte ich bereits darüber nachgedacht, wer meine potenziellen Kunden sein könnten. Im Hochsommer, wenn Blumen im Überfluss vorhanden und die meisten Blumenläden geschlossen sind – an wen und wo könnte ich meine Sträuße verkaufen? Da die Blumen in Hillerød wachsen, wollte ich sie so regional wie möglich anbieten, deshalb wurde der Badeort Tisvildeleje auf mein Moodboard gesetzt. Ich konnte mir gut vorstellen, dass es blumenbegeisterte Urlauber geben würde, die vor Ort angebaute Bioblumen schätzen würden. Meine Vermutungen trafen zu, und so verkaufe

ich in Tisvildeleje in der Saison von Mai bis Oktober viele Blumen. In Absprache mit dem Restaurant Tisvilde Kro, das ich mit Blumen beliefere, konnte ich meinen kleinen Verkaufsstand vor dem Restaurant an der Hauptstraße einrichten und die frisch gepflückten Blumen während der Sommerferien anbieten, zur großen Freude der Urlauber.

Meine Erfahrung mit dem Erstellen eines Moodboards war unglaublich positiv. Das Visualisieren meiner Träume und das Anbringen von Text und Bildern war im kreativen Prozess sehr inspirierend. Ein Moodboard ist ein leistungsstarkes Werkzeug, das ich wärmstens empfehlen kann.

Der Blumenverkauf in Tisvildeleje fand in den letzten beiden Sommern immer samstags im Juli statt. Am Morgen pflückte ich die Blumen und arrangierte sie zu hübschen Sträußen in unterschiedlichen Farben und Formen, sodass die Sommergäste ganz frische Buketts mitnehmen konnten.

Meine Sträuße enthalten im Juli oft folgende Elemente: Doldenblütler wie Wilde Möhre, Große Knorpelmöhre, Fenchel und Schafgarbe, daneben auch Blumen, die als Beiwerk verwendet werden können, wie Rainfarn-Phazelie, Oregano oder Katzenminze. Außerdem kombiniere ich Blumen mit runden Köpfen wie Margeriten, Schmuckkörbchen, Zinnien, Dahlien und Tagetes. Und ich brauche kerzenartige Blüten, wie Rittersporn, Wollziest, Anis-Ysop, Lupinen oder Eisenkraut. Als grüne Ergänzung verwende ich meist Himbeerzweige, Minze oder Wermut, wobei ich immer nur eine pro Strauß nehme. Schließlich füge ich noch einen Halm einer Grasart oder eines Getreides hinzu – aber auch hiervon nur ein bis zwei Stück.

Aufgrund meiner Ausbildung und meines Interesses an der heilenden Verbindung von Mensch und Natur hatte ich von Anfang an die Absicht, den Garten für Menschen zu öffnen, die die Natur für den Stressabbau und ihr geistiges Wohlbefinden als vorteilhaft empfinden. Der Kontakt der Hände mit der Erde ist gut für die Seele, es gibt viele forschungsbasierte Studien, die darauf hindeuten. Das Interesse an Gartentherapie und Umwelttherapie wächst weltweit, und die Universität Kopenhagen hat in ihrem Garten in Hørsholm, Nacadia, gerade untersucht, wie hilfreich die Natur für Menschen mit Traumata oder stressbedingten Krankheiten ist. Heute kann man sich in diesem Fach weiterbilden. Ich habe selbst ein Modul über naturbasierte Therapie und Gesundheitsförderung an der Universität Kopenhagen belegt und an der Landwirtschaftsuniversität in Schweden am Unterricht in Umwelttherapie teilgenommen.

Aus diesem Grund sind seit 2017, als der erste Staudengarten auf Mangholm angelegt wurde, freiwillige Helfer mit dem Garten eng verknüpft. Die Freiwilligen können immer genau im gewünschten Umfang an den Aktivitäten teilnehmen, die zu ihnen passen. Es ist schön und lehrreich zugleich, gemeinsam im Garten aktiv und damit zusammen in der Natur zu sein. Die meisten Menschen kommen ohne jegliche Erfahrung in Bodenbewirtschaftung oder im Umgang mit Blumen hierher. Daher beginnen wir mit sehr einfachen Aufgaben wie beispielsweise dem Jäten und Pflegen.

Manchmal werden die falschen Pflanzen ausgerupft oder die falschen Sträucher zurückgeschnitten. Es ist einfach so, dass für manche Menschen alle Pflanzen gleich aussehen und es tatsächlich einer ziemlich gründlichen Einführung meinerseits bedarf, um Menschen an meinen Arbeitsplatz einzuladen. Wenn ein Schaden angerichtet wurde, muss man einfach von vorn beginnen, neu pflanzen und ein paar Jahre warten, bis die Büsche wieder groß werden.

Schelte gibt es nicht, denn letzten Endes wollen wir doch eine schöne Zeit zusammen verbringen, während wir uns gemeinsam um das kümmern, was uns verbindet – nämlich die Blumen. Das Ziel ist, etwas zu lernen, und sogar ich lerne jeden Tag aufs Neue dazu. Was ich für selbstverständlich empfinde, ist völlig neu für andere, und ich weiß sehr wohl, dass es viele Jahre gedauert hat, bis ich mein heutiges Wissen zusammengetragen habe. Es erfordert sicherlich viel Geduld, das Blumenparadies für Unerfahrene zu öffnen und sie zur gemeinsamen Arbeit darin einzuladen, aber das ist es mir wert.

Besonders im Frühling ist es anstrengend, aber dann auch wieder schön zu sehen, dass auch die anderen Leute gerötete Wangen und einen schmerzenden Rücken haben. Es gibt so viele Aufgaben in den Hunderten von Reihen, die sich in üppige Blumenbeete verwandeln sollen, zu erledigen. Dazu braucht es Muskeln und Geduld, um die Beete so vorzubereiten, dass die Blumen einen guten Start haben, wenn sie Mitte Mai ausgepflanzt werden.

Die Arbeit der Freiwilligen war in den drei Jahren, in denen sich der Blumengarten von 300 auf 2000 Quadratmeter Größe erweitert wurde, Gold wert. Eine unglaubliche Anzahl von Freiwilligenstunden wurde in das Blumenfeld gesteckt, und ich versuche im Spätsommer immer, etwas davon in Form schöner Blumen zurückzugeben. Der Anreiz, sich freiwillig zu melden, besteht oft darin, zusammen etwas Sinnvolles zu tun und Gemeinschaft zu erleben. Die Tatsache, dass das Blumenprojekt einen sozial und ökologisch vorteilhaften Charakter hat, spielt natürlich auch eine wichtige Rolle für die Motivation der Freiwilligen.

Ich hatte großes Interesse daran, das Motiv der Freiwilligen für ihre Arbeit im Blumengarten

zu erforschen, und meine Diplomarbeit an der Roskilde-Universität im Frühjahr 2019 befasste sich genau mit dieser Thematik. Die Freiwilligen nahmen an mehreren Fokusgruppentreffen teil, bei denen wir diskutierten, was Freiwilligenarbeit für sie bedeutete. Diese Studie war für die weitere Arbeit von großer Relevanz, und es hat sich gelohnt, einen Einblick darin zu erhalten, dass die Freiwilligenarbeit sowohl ein Geben als auch ein Nehmen umfasst.

Bei dem Brede-Havekiosk-Projekt geht es in hohem Maße auch darum, etwas über Blumen und Ökologie zu lernen und gleichzeitig das körperliche und geistige Wohlbefinden zu steigern. Den Kiosk in verschiedene Richtungen betreiben zu können, insbesondere mit Blick auf die sozioökonomischen Dimensionen, und gleichzeitig ein profitables Geschäft aufzubauen, erfordert viel zusätzliche Energie und eine sehr gründliche Planung. Es gibt unglaublich vielfältige Aufgaben zu erledigen, darunter etwa das Vorbereiten des Gartens, die Vorkultur Tausender kleiner Pflanzen, das Einsetzen der unzähligen Pflänzchen in die Beete, die Pflege, das Gießen, Pflücken und Verkaufen sowie das Binden der Blumensträuße, ihr Transport zum Verkaufsort und nicht zu vergessen, das Abhalten von Workshops.

Es gibt sehr viele verschiedene Tätigkeiten an nur einem einzigen Tag zu erledigen, und manchmal hat man nicht immer die nötige Energie oder eher die nötige Ruhe, um es sich gemütlich zu machen, sich hinzusetzen und mit den Freiwilligen eine Tasse Tee zu trinken und mit ihnen zu sprechen. Obwohl ich das eigentlich zu Anfang immer wollte.

Ich lerne jeden Tag aus dem Projekt, und es freut mich, dass so viele Menschen am Blumenabenteuer teilnehmen und ihre Zeit investieren möchten. Es wird immer ein Teil meines Traums sein, die Schönheit und die Gaben der Natur mit anderen zu teilen.

DER STAUDENGARTEN FÜR BESUCHER

Einen Staudengarten zu pflegen erfordert keinen hohen Aufwand, schließlich gedeiht er größtenteils von selbst. Nur Unkraut sprießt immer wieder. Wir befreien die Wege regelmäßig davon, damit wenigstens hier etwas Ruhe für die Augen herrscht und man klar erkennt, wohin man treten kann. Die Beete jäten wir ein paarmal in der Saison. Wir haben längst akzeptiert, dass mittendrin in unseren Staudenbeeten Wildwuchspflanzen stehen.

Der Staudengarten ist ein Ort mit vielen Ecken und Winkeln, die zum Erkunden einladen. An den Wochenenden haben wir geöffnet, und Besucherinnen und Besucher sind stets willkommen, es sich auf einer Bank gemütlich zu machen, eine Tasse Kaffee zu trinken und einfach das Summen der Insekten, den Blick in die wunderschöne Landschaft und den Duft der Blumen zu genießen. Der wichtigste Teil unserer ursprünglichen Idee ließ sich verwirklichen, und wie ich finde, ist der Besuchergarten eine schöne, andersartige und etwas wilde Anlage geworden. Aber gerade diese leicht verwilderte Note gefällt mir gut.

KAPITEL 3

GRUNDLAGEN DER ÖKOLOGIE

Jens Juhl gehört zu den Menschen, die mich dazu inspiriert haben, Bioblumen anzubauen. Er hat insgesamt fünf Bücher über ökologischen Landbau veröffentlicht, ist in der Branche sehr angesehen und war viele Jahre Dozent und Kursleiter. Ich bin sehr glücklich, dass Jens zugestimmt hat, einen Beitrag zu diesem Buch zu leisten und ganz allgemein zu erläutern, warum die Berücksichtigung ökologischer Prinzipien so unglaublich wichtig ist. Ebenso zu Wort kommen soll hier aber auch die Bäuerin Tine Hage, auf deren Feldern ich mein ökologisches Blumenabenteuer realisieren konnte.

EINFÜHRUNG IN DIE ÖKOLOGIE VON JENS JUHL

Ökologischer Landbau bedeutet, möglichst mit naturnahen Methoden zu wirtschaften. Jegliche Art von Landbau ist ein Eingriff in die Natur, aber der ökologische Landbau ist am wenigsten drastisch. Ohne Kultivierung von Nahrungsmitteln könnten wir Menschen nicht überleben, doch wenden wir dabei ökologische Methoden an, so können wir zumindest ein Stück weit im Einklang mit der Natur leben.

Meine Frau Sølva und ich bestellen unseren Garten seit über 25 Jahren nach ökologischen Methoden. Für uns war der Anbau ohne Pestizide und chemische Düngemittel von grundlegender Bedeutung, da wir dadurch saubereres Gemüse und saubereres Grundwasser haben. Doch das ist nicht der einzige Grund. Die naturnahe Bewirtschaftung stärkt auch das Leben vieler Tiere in unserem Garten.

Vor Jahren war es noch durchaus üblich, dass man die Windschutzscheibe nach einer längeren Fahrt über Land von Insekten reinigen musste. Dies ist praktisch nicht mehr erforderlich, weil in den letzten 30 Jahren gut 70 bis 80 Prozent aller Insekten verschwunden sind. Wenn wir aber wissen, dass die überwiegende Mehrheit der wichtigsten Lebensmittel der Welt von Insekten bestäubt wird, muss es uns einleuchten, dass wir ernsthafte Probleme bekommen können, wenn wir so weitermachen wie in den vergangenen 50 Jahren. Vor allem einige der wichtigsten Bestäuber sind von den aktuellen Entwicklungen betroffen, darunter etwa Wild- und Honigbienen sowie Schmetterlinge und insbesondere Nachtfalter. Für uns liegt es auf der Hand, dass es an den Anbauformen liegt, in denen Pestizide und Fungizide umfangreich eingesetzt werden. Sie greifen in die natürlichen Prozesse der Natur ein.

Im ökologischen Landbau geht es nicht nur darum, Giftstoffe zu vermeiden, sondern es beginnt ganz woanders – nämlich am Boden. Konventionelle Züchter kultivieren die Pflanzen, ökologisch orientierte Züchter kultivieren den Boden. Wir nutzen zwar ebenfalls Dünger, um die Pflanzen zum Gedeihen zu bringen, doch wir verwenden nur organische Materialien in Form von kompostierten Pflanzenteilen und Tierdung – also natürliche Düngemittel, wie sie in der Natur vorkommen. Kunstdünger kann von den Pflanzen aufgenommen werden, wenn

er im Regenwasser gelöst ist. Es sind keine Mikroorganismen erforderlich, um ihn in Pflanzennahrung umzuwandeln. Das macht es so einfach. Aber im Gegenzug gelangen Fremdstoffe in den Boden. Frösche und andere Amphibien sowie Igel vertragen keinen Kunstdünger auf ihrer Haut. Sie profitieren daher ganz besonders vom ökologischen Landbau.

Organische Dünger – also die Mittel der Natur – brauchen Regenwürmer und Mikroorganismen, die das organische Material verstoffwechseln, denn die Pflanzen selbst können keinen Kompost aufnehmen. Je mehr Leben sich im Boden tummelt, desto fruchtbarer ist er, wenn wir ihn mit Kompost düngen. In den oberen zehn Zentimetern des Bodens lebt die große Mehrheit der Regenwürmer, Bakterien und Mikroorganismen, kurz gesagt fast alles Leben im Boden. Darüber hinaus krabbeln auf der Bodenoberfläche Käfer und andere Tiere umher, die an der Umwandlung des organischen Materials beteiligt sind, das wir zum Düngen verwenden. Die Methode haben nicht wir erfunden, sondern die Natur. Überall auf der Welt fallen Tag für Tag Blätter von Bäumen, Sträuchern und Blumen auf den Boden und werden wiederum zu Dünger für die Pflanzen. Wir sind davon überzeugt, dass mit ökologischem Landbau ein ebenso hoher Ertrag erzielt werden kann wie mit der Verwendung von Giftstoffen und künstlichen Düngemitteln. Das stellen wir zumindest jedes Jahr in unserem Garten fest. Wir alle sollten viel mehr Rücksicht nehmen auf unsere Erde, die uns ernährt.

Wenn das Leben im Boden und auf der Bodenoberfläche ständig gestört wird, stirbt die Mehrzahl der Lebewesen, und es wird lange dauern, bis der Boden wieder in der Lage ist, organische Masse zu zersetzen. Das Umgraben von Boden stellt das Leben der meisten bodenlebenden Organismen buchstäblich auf den Kopf, und das ist nicht gut. Die meisten von ihnen leben genau dort, wo sie leben, weil sie es müssen. Einige brauchen Sauerstoff und Licht, während andere in Tiefen vorkommen, in denen weniger Sauerstoff und kein Licht vorhanden ist. Wenn man nun den Boden umgräbt, werden sie an die Oberfläche befördert. Viele sterben, und es wird an Lebewesen mangeln, die den Dünger für die Pflanzen zersetzen können. Die Pflanzen gedeihen dann weniger gut – egal, ob es sich um Gemüse oder Blumen handelt.

Deshalb graben wir den Boden grundsätzlich nicht um und haben es auch noch nie getan, seit wir den Garten vor über 25 Jahren angelegt haben – obwohl wir sehr viel Gemüse

und Blumen anbauen. Stattdessen bedecken wir den Boden mit Grünschnitt und kultivieren ihn nach dem Prinzip der Mischkultur. Dabei werden mehrere Pflanzenarten gemischt, damit sie sich gegenseitig vor übermäßig vielen unliebsamen Tieren und Pflanzenkrankheiten schützen. So ersetzen wir Pestizide und Düngemittel durch natürliche Methoden.

Die Verwendung organischen Düngers in Form von Kompost oder kompostiertem Tierdung hat eine andere, ebenso wichtige Funktion – nämlich Kohlenstoff in den Boden zu bringen. Dadurch wird er umgewandelt und verursacht weniger Kohlendioxidemissionen in die Atmosphäre. Der ökologische Landbau ist somit klimafreundlicher. Und er führt zu einer größeren Vielfalt an Insekten im Garten, die für uns wichtig sind – nicht nur für die Bestäubung von Pflanzen. Schmetterlinge, Wild- und Honigbienen sowie Schwebfliegen bieten uns ganz nebenbei auch noch großartige Naturerlebnisse direkt im eigenen Garten. Gleiches gilt für Frösche, Kröten und Käfer, die auf und im Boden leben, und natürlich für unsere Gartenvögel. Tatsächlich tragen die verwendeten Mittel also auch zu unserer Lebensfreude bei. Wenn die Insekten schwinden, entfällt nicht nur die Bestäubung von Obstbäumen, Blumen und Sträuchern, sondern auch alles andere Leben im Garten wird davon beeinflusst. Viele Vögel ernähren sich von Insekten, Frösche fressen Schnecken und Käfer – die Ökosysteme gehen fließend ineinander über. Ich plädiere daher für verwilderte Zonen im Garten. Lassen Sie etwa Wurzelstümpfe und dergleichen in den Beeten liegen. In den Wurzeln tummeln sich Millionen nützlicher Insekten und Bakterien. Ebenso leben viele Käfer und Organismen in den Holzstücken, die still und leise zersetzt und langsam wieder zu Erde werden.

Wir sind zwar der Meinung, dass Boden grundsätzlich ökologisch bewirtschaftet werden sollte, aber wir sind nicht so blauäugig zu glauben, dies ließe sich kurzfristig bewerkstelligen. Deshalb brauchen wir Gartenliebhaber in Stadt und Land, die mithelfen. Wir erreichen dieses Ziel, indem karge Rasenflächen durch Beete mit bunten Blumen ersetzt werden. Sie locken einige der Insekten an, die uns fehlen, weil die ganze Welt vergessen hat, mehr mit der Natur als gegen sie zu arbeiten.

Jens Juhl
Januar 2020

MANGHOLM – EIN ÖKOLOGISCHER LANDWIRTSCHAFTSBETRIEB

Bei Familie Hage auf Mangholm wurden die klassischen Geschlechterrollen vertauscht. Hier ist es Tine Hage, die eine Ausbildung zur Landwirtin absolviert hat und für den täglichen Betrieb der Landwirtschaft verantwortlich ist, während Torben neben seiner Arbeit ein mithelfender Ehemann ist.

„Als wir Mangholm fanden, waren wir von der wunderschönen Landschaft hier in Alsønderup Overdrev sofort verzaubert", erklärt Tine. „Das Gebiet ist sehr abwechslungsreich. Auf 48 Hektar stehen viele alte Bäume, und es gibt acht Wasserlöcher, wo die Möglichkeit besteht, eine natürliche Vielfalt an Fröschen, Insekten und Vögeln zu unterstützen. Mangholm wurde schon seit 20 Jahren ökologisch geführt, sodass wir nicht selbst auf Ökologie umstellen mussten – die Vorarbeiten waren bereits erledigt. Ökologischer Landbau war für mich keine Frage. Ich habe mich immer auf Ökologie und Nachhaltigkeit konzentriert, und es beunruhigt mich sehr, wie wir die Natur und unsere Haus- und Nutztiere behandeln und wie die Erde mit schädlichen Toxinen zerstört wird.

Meine Motivation für den Betrieb eines Biobauernhofs ist in erster Linie zu zeigen, dass es eine bessere und gesündere Alternative für den Anbau von Nutzpflanzen gibt – in einem vielseitigen landwirtschaftlichen Umfeld, unter Berücksichtigung der Natur und vor allem ohne Pestizide und künstliche Düngemittel. Auf unserem Bauernhof vermitteln wir genau diese Botschaft. Besonders für die Kinder ist es wichtig, das Leben auf einem Bauernhof kennenzulernen, ihnen verschiedenste Sinneseindrücke zu ermöglichen und ihnen zu erklären, woher das Essen kommt. Sie sind die zukünftigen Beschützer der Erde. Auf unseren Feldern sorgen wir mittels einer gesunden Humusschicht durch Kompost, Gründüngung und Viehdung für Nährstoffzufuhr. Deshalb sind Tiere auf dem Bauernhof unbedingt erforderlich. Ohne Viehdung ist es in meinen Augen nicht möglich, Pflanzen ökologisch anzubauen, da gerade die Gülle die Mikroorganismen, Pilze und Bakterien des Bodens stimuliert. Wir sind auch stolz darauf, alte bedrohte Tierrassen halten zu können.

Im Einklang mit der Aufbereitung des Bodens haben wir ein neues, nachhaltiges Anbausystem für Gemüse eingerichtet, das als *market gardening* bezeichnet wird. Wir graben den Boden nicht um, damit die Mikroorganismen nicht gestört werden, sondern fügen nur neue Schichten aus kompostiertem Viehdung und Pflanzenteilen hinzu. Nach diesem System können wir auf nur einem Hektar viele verschiedene Gemüsesorten anbauen. Außerdem ziehen wir noch Beeren, Obst, Kräuter und essbare Blumen. Das Gemüse ist so frisch, wie es nur sein kann. Wir verkaufen es neben Fleisch von unseren eigenen Tieren im Hofladen.

Jedes Wochenende ist die Farm für Besucher geöffnet. Sie können sich auf eigene Faust umsehen, die Tiere besuchen, im Hofladen einkaufen und einige der Produkte der Farm im Café probieren. Glücklicherweise wird immer mehr Wert auf qualitativ hochwertige Lebensmittel, das Tierwohl sowie regional und saisonal produzierte Produkte gelegt. Wenn Sie saisonal essen und regionale sowie ökologisch hergestellte Waren bevorzugen, sind Sie auf dem besten Weg in Richtung Nachhaltigkeit.

Im Sommer staunen unsere Gäste über Rikkes wunderschöne Blumenfelder. Rikke bringt den Besuchern mithilfe der Blumen die Ökologie näher, und unsere Insekten freuen sich über die mit Pollen gefüllten Blumenfelder. Vor allem unsere Honigbienen liefern einen ganz besonders köstlichen, dunklen, würzigen und sehr intensiven Honig. Darüber hinaus sorgen nicht nur die Besucher, sondern auch Rikkes Workshops für eine besondere Dynamik auf dem Bauernhof – und so können wir unsere Ökobotschaft noch weiter verbreiten."

CAFE
Kaffe, Te
Sodavand

VELKOMMEN TIL
MANGHOLM
DAGENS PROGRAM:
10.00 HØSTMARKEDET ÅBNER
10.30 HESTETRÆKTURE PÅ GANTI
11.00 RUNDVISNING TIL FODS TIL GRISENE OG FÅRENE MED LANDMAND TINE
12.00 TRAKTORTUR MED TINE
12.30 HESTETRÆKTUR PÅ GANTI
13.00 ANDESKIDNING
13.30 PESTOWORKSHOP
WORKSHOP I RIKKES BLOMSTERHAVE BIND EN BUKET
14.00 RUNDVISNIN TIL FODS TIL ÆNDERNE OG KØERNE
TRAKTORTUR

HONNING
fra
MANGHOLM
STOR 75,-
LILLE 50,-

2019 wurde Dänemarks erster Branchenverband der ökologischen Blumenproduzenten gegründet. Die Initiatoren waren die Blumenzüchter von Flor Blomster und Vilde Violer sowie ich mit meinem Brede Havekiosk. Wir verkaufen unsere Blumen mit dem dänischen roten Ökosiegel. Unsere Hoffnung bestand darin, durch diesen Zusammenschluss unsere Botschaft noch besser verbreiten zu können und dadurch mehr Menschen auf eine wachsende Branche aufmerksam zu machen.

Wir beobachten ein zunehmendes Interesse der Verbraucher an Bioprodukten im Allgemeinen, einschließlich ökologisch produzierter Blumen. Unserer Meinung nach ist es wichtig, den Leuten eine Alternative zu herkömmlich gezogenen Blumen zu bieten, die mit Pestizidrückständen belastet sind und sehr lange Transportwege hinter sich haben, bevor sie beim Endverbraucher landen.

Seit der Gründung des Branchenverbands sind immer mehr Mitglieder beigetreten. Voraussetzung für die Zulassung ist, dass sie bereits unter dem roten Ökosiegel produzieren oder ihre Landflächen auf ökologischen Betrieb umstellen. Dies dauert in der Regel zwei Jahre. Hierbei gilt es, all die Ökorichtlinien zu befolgen, die von der dänischen Landwirtschaftsbehörde festgelegt wurden. Außerdem unterliegt man jährlichen Kontrollbesuchen.

Die ökologische Blumenproduktion im Freiland erstreckt sich in Dänemark von April bis Oktober. Im Winter arbeiten wir normalerweise mit getrockneten Blumen und Kränzen. Die Hoffnung und ein Wunschszenario für die Zukunft ist, dass sich die Saison verlängern lässt und Blumen das ganze Jahr über in Gewächshäusern gezüchtet werden können, die ausschließlich mit grüner Energie betrieben werden.

Gemeinsam glauben wir im Branchenverband an eine grünere Zukunft in der Blumenbranche. Unserer Meinung nach haben ökologisch produzierte Blumen sowohl in Dänemark als auch weltweit ein großes Wachstumspotenzial zum Nutzen von Natur, Mensch und biologischer Vielfalt.

Ungespritzte ökologisch und regional produzierte Blumen sind eine bessere Wahl für die Umwelt, darüber muss man nicht diskutieren. Dies wird umso deutlicher, wenn man sich mit der Produktion herkömmlicher Blumen eingehender beschäftigt. Hier liste ich einige Beispiele auf:

- Wenn Blumen in Afrika und Südamerika oder in beheizten Gewächshäusern in den Niederlanden weit entfernt wachsen, bleibt ein ausgeprägter ökologischer Fußabdruck zurück. In den Gewächshäusern wird unglaublich viel Energie für Heizung und tageslichthelle Beleuchtung aufgewendet.
- Wenn die Blumen über Landesgrenzen hinweg transportiert werden, wird mehr Kohlendioxid freigesetzt. Das könnte vermieden werden, wenn der Schwerpunkt stattdessen auf der regionalen Blumenproduktion liegen würde.
- Herkömmliche Blumen werden üblicherweise in riesigen Monokulturen gezüchtet. Der Anbau erfolgt unter Plastik, überwiegend in Ländern wie Kenia, Äthiopien, Kolumbien und Ecuador. Sie alle befinden sich in höheren Lagen am Äquator, die sich ideal für den Blumenanbau eignen. Hier herrschen zwölf Stunden Tag und zwölf Stunden Nacht. Schätzungsweise belaufen sich diese Gebiete weltweit auf rund 200.000 Hektar.[1] In diesen Monokulturen werden enorme Mengen Kunstdünger verwendet, bei denen ein

[1] Toumi et al., 2016, *A Survey of Pesticide Residues in Cut Flowers from Various Countries*, Ghent University 4. European Commission, 2017

großes Risiko besteht, dass Stickstoff unverhältnismäßig direkt in die Natur eingeleitet wird, was sich negativ auf das Grundwasser und die Tierwelt auswirkt.[2]

- Ein weiteres großes Problem besteht darin, dass herkömmliche Blumenproduzenten einen sehr hohen Pestizidverbrauch zur Bekämpfung von Schädlingen und Krankheiten haben, die beim monokulturellen Anbau unvermeidbar sind. Die Niederlande, Europas größter Blumenproduzent, verbrauchen mehr als 106 Kilogramm Pestizide pro Hektar Land, auf dem Rosen wachsen, und 135 Kilogramm Gift pro Hektar, auf denen Lilien angebaut werden.[2]
- Eine belgische Studie aus dem Jahr 2017 hat in Blumenladen in Brüssel rund 100 verschiedene Pestizide auf Blumen nachgewiesen. Laut Bericht sind die Menschen, die sowohl in der Produktion als auch im Blumenladen mit den Blumen hantieren, einer kritischen Menge an Toxinen ausgesetzt, wenn sie keine Plastikhandschuhe tragen. Die Pestizide sind bei der Arbeit mit den Blumen übertragbar und können durch die Haut aufgenommen werden.
- Es gibt noch keine Regelung dazu, in welchem Ausmaß Blumen mit Pestiziden gespritzt werden dürfen, aber die belgische Studie hat Pestizidrückstände auf den untersuchten Blumen nachgewiesen, die rund 1000-mal höher sind als die zuvor an Lebensmitteln gemessenen Werte.[3]

Angesichts all dieser Fakten ist es an der Zeit, verstärkt über alternative Blumenanbaumethoden nachzudenken. Wir freuen uns über das steigende Interesse in Europa, wo immer mehr regionale Blumenbauern nach gemeinsamen, nachhaltigen Prinzipien arbeiten und regionale, ungespritzte und naturbelassene Blumen schonend und im Einklang mit der Natur kultivieren.

Regional produzierte Blumen haben in vielen unserer Nachbarländer deutlich an Popularität gewonnen. Im Januar 2021 fand die erste europäische Konferenz für regionale Blumenproduzenten statt. Die neu gegründete European Association for Flower Growers (Europäische Vereinigung für Blumenzüchter) hielt das Webinar drei Tage lang von morgens bis abends mit einem vollen Programm ab. Es wurden 33 verschiedene Redner aus der ganzen Welt vorgestellt, die Präsentationen in allen Bereichen des Anbaus, des Marketings und der Planung abhielten. Insgesamt nahmen gut 400 Personen aus 32 verschiedenen Ländern an der Blumenkonferenz teil.

Es ist so inspirierend und unglaublich wichtig, dass sich immer mehr Menschen bewusst werden, welche Alternativen es zu herkömmlich gezüchteten Blumen gibt und dass es möglich ist, sich daran zu beteiligen, entweder als Betreiber oder als Verbraucher – mit einem gemeinsamen Traum von einer grüneren und nachhaltigeren Blumenindustrie.

Weitere Informationen zur Europäischen Vereinigung für Blumenzüchter finden Sie hier: *http://eafg.org/*.

[2] https://www.brut.media/us/entertainment/how-growing-flowers-impact-the-environment-cff71f71-128b-4159-9d5a-102f62897efa

[3] Toumi et al., 2017, *Risk Assessment of Florists Exposed to Pesticide Residues through Handling of Flowers and Preparing Bouquets*, International Journal of Environmental Research and Public Health

DEN BODEN AUFBEREITEN

Der Schwerpunkt der ökologischen Grundidee basiert auf einem fürsorglichen und klimafreundlichen Umgang mit der Natur. Dabei müssen wir uns insbesondere um unseren Boden und unser Grundwasser kümmern, indem wir auf Pestizide verzichten, die Unkraut, Schädlinge und Pilze abtöten würden.

Die EU verfügt über ein gemeinsames Regelwerk im Bereich des ökologischen Landbaus, das spezielle natürliche und biologische Spritzmittel sowie räuberische Insekten oder Viren und Bakterien zulässt. Diese können in der Beeren-, Obst- und Gemüseproduktion verwendet werden. In Dänemark gibt es darüber hinaus noch weitere Umweltgesetze, die den ökologischen Vorschriften der EU übergeordnet und noch restriktiver sind. Sie lassen nicht alle in der EU zugelassenen Pestizide zu.[4]

Beim klimafreundlichen ökologischen Anbau besteht die Hauptaufgabe darin, dafür zu sorgen, dass sich die Mikroorganismen im Boden wohlfühlen. Um dies zu erreichen, fügen wir kontinuierlich organisches Material hinzu, das den Boden luftig und lebendig macht, die Pflanzen nährt und so eine wichtige Humusschicht bildet. Das organische Material umfasst Kompost und tierischen Dünger, typischerweise Pferdemist, der bereits gut verrottet ist. Das bedeutet, dass der Kompost mindestens ein Jahr, vorzugsweise länger, gelagert und gut zersetzt wurde. Es kommt auch Hühnermist infrage, der aber sehr scharf ist und die Wurzeln kleinerer Pflanzen leicht verbrennen kann. Deshalb sollte man ihn nur sporadisch und vor allem sehr vorsichtig verwenden. Am besten gibt man ihn nicht direkt in die Beete, sondern mischt ihn mit hausgemachtem Kompost.

Neben der absolut unverzichtbaren Verwendung von Kompost und Viehdung gibt es im ökologischen Landbau noch einige weitere Trümpfe, die man ausspielen kann. Bodendecken in Form von Pflanzenresten aus dem Garten sowie Seetang, der gut durchgespült und von Salz befreit wurde, eignen sich hervorragend zum Zuführen von Nährstoffen in den Boden. Außerdem vermag diese Art der Gründüngung nicht nur als wirksames Mittel den Boden zu düngen, sondern auch Kohlenstoff im Boden zu binden – und das wiederum ist gut für das Klima.

[4] *Okologi.dk*

DAS WOHL DES BODENS

Wollen wir uns im ökologischen Landbau wirklich gut um den Boden kümmern, sollten wir die Maxime berücksichtigen, dass, wenn wir ihm etwas wegnehmen, ihm auch wieder etwas zufügen müssen. Ich habe dies während der gesamten Gartensaison stets im Blick. Mein Bestreben ist es, den Boden mit natürlichen Mitteln wie Brennnesselsud und Stallmist zu düngen und besonders auf eine gute Struktur zu achten.

Für die Pflanzen ist locker krümeliger Boden am besten, denn so können sich die Wurzeln leicht ausbreiten und die Pflanzen groß werden. Die Wurzelgesundheit ist das A und O gesunder Pflanzen, daher lohnt es sich, den Boden Jahr für Jahr zu verbessern. Sandboden etwa profitiert von gutem, lebendigem Mutterboden, wie es Kompost und Viehdung sind, während Lehmboden mit Sand und Kompost gemischt werden sollte, um Klumpen zu verhindern und die Sauerstoffversorgung für die Pflanzen und die Mikroorganismen im Boden nicht zu gefährden.

Die Bodendecke ist ein weiteres wichtiges Element. Es muss sichergestellt sein, dass der Boden immer bedeckt ist, entweder mit der Grünmasse lebender Pflanzen oder mit Blättern, Kompost oder Pflanzenteilen, die sonst auf dem Kompost landen würden. Ich gehe so vor, dass ich im Lauf der Vegetationsperiode gejätetes Unkraut zur Bodenbedeckung nutze. Allerdings lasse ich keine Wurzeln von Quecken und Giersch liegen, da sie den Boden sehr leicht wieder ergreifen und weiterwachsen können – was nicht Sinn der Sache ist.

Grünmaterial auf den Beeten liegen zu lassen hilft dabei, den Boden feucht zu halten. Es verhindert das Wachstum neuen Unkrauts und kann dazu beitragen, die Nährstoffe im Boden zu halten, indem die Pflanzenteile zersetzt und recycelt werden. Zwar sieht es besonders zu Beginn der Saison, wenn die Pflanzen noch nicht so füllig sind, nicht so schön aus, aber später bemerkt man die grüne Bodenbedeckung nicht mehr.

Im Herbst ist eine Bodenbedeckung ebenfalls sinnvoll. Dazu können Sie die Pflanzen aus dem Beet ausreißen und auf der Erde liegen lassen. Den Gartenabfall können Sie mit abgefallenen Blättern, Halmen, Grasschnitt usw. mischen oder die Pflanzen einfach über den Winter stehen lassen.

Allerdings besteht hierbei die Gefahr, dass Sie im folgenden Jahr viele wildwüchsige Blumen bekommen. Wenn Sie das nicht wollen, können die wilden Pflanzen leicht entfernt werden. Das Wichtigste ist, die Beete im Herbst nicht vollständig abzuräumen. Sonst riskieren Sie, wichtige Nährstoffe aus dem Boden auszuschwemmen, was Sie vermeiden wollen. Vielmehr streben Sie ja an, alle Nährstoffe im Boden zu belassen. Gönnen Sie dem Boden also eine Winterpause und beginnen Sie im Frühjahr von vorn, indem Sie viel neue Energie in Form von gut zersetztem, hausgemachtem Kompost hinzufügen.

Im Bild ganz links auf Seite 61 haben wir den Dahlienschnitt über den Winter als Mulch verwendet. Wir räumen ihn im Frühjahr ab, jäten, fügen frischen Kompost hinzu und pflanzen aus. Im Prinzip könnten wir den trockenen Schnitt wieder als Bodendecke verwenden, aber normalerweise zerkleinern wir ihn und geben ihn in den Kompost.

Tipps zu Wurzeln von Quecken, Löwenzahn und Giersch

Diese Pflanzen sind nichts anderes als sehr hartnäckiges Unkraut, das sich nur schwer beseitigen lässt. Aber es ist möglich. Sie müssen beim Jäten effizient sein und so lange weitermachen, bis Sie das Übel an der Wurzel packen können. Sammeln Sie alle Wurzeln in einen schwarzen Plastiksack. Verknoten Sie diesen und lassen Sie ihn an einer Stelle liegen, wo Sie ihn nicht dauernd sehen. Nach einem Jahr kann der Sack wieder hervorgeholt und der Inhalt in den Kompost gemischt werden, ohne dass die Gefahr besteht, dass die Wurzeln wieder sprießen. Pflanzenmaterial sollte im Garten bleiben und zurückgeführt werden, daher nehme ich gern etwas Mühe auf mich.

Der gleiche Tipp gilt für verwelkte Blätter. Sammeln Sie sie in schwarzen Säcken und legen Sie diese weg. Nach einem Jahr sind sie zu feiner Erde geworden, die Sie direkt auf den Gartenbeeten verteilen können.

Tipp zur Bodendecke

Sie können vorzugsweise Grasschnitt zwischen den Reihen in Ihren Beeten verwenden, oder Heckenschnitt, den Sie mit dem Rasenmäher zerkleinern. Diese Masse versorgt die Gartenbeete mit feiner Nahrung. Auch die Hecke holt sich gern etwas zurück, wenn Sie zerkleinerten Heckenschnitt oberhalb der Wurzeln ausstreuen. Sowohl Blumen als auch Gemüse freuen sich über die pflegende Decke, selbst wenn sie grün und frisch ausgestreut wird. Sie hilft sogar beim Fernhalten von Unkraut, da kein Licht auf die Bodenoberfläche fällt und so nichts keimt.

Bodenverbesserung mit Champost

Wenn Sie nicht über genügend Platz oder Energie verfügen, um Ihren eigenen Kompost herzustellen, können Sie Säcke mit Bodenverbesserungsmittel kaufen. Eine gute Alternative zur Versorgung Ihres Bodens ist beispielsweise der Bodenverbesserer Champost. Das Substrat ist für den ökologischen Anbau zugelassen. Es wird aus einem Nebenprodukt der Champignonproduktion hergestellt, dem kompostierter Pferdemist zugesetzt wurde, und als nährstoffreicher Mulch für Pflanzen verwendet.

GRÜNDÜNGUNG

Eine dritte Möglichkeit besteht darin, im Spätsommer Gründünger zu säen, der Zeit zum Wachsen und Bedecken des Bodens hat. Im Frühjahr kann er dann in die Erde eingearbeitet werden, sodass er dem Boden Nährstoffe in Form von Kohlenstoff hinzufügt. Im Winter ist eine Bodendecke für die Beete vorzuziehen, anstatt die Beete brachliegen zu lassen. In diesem Fall können nämlich die Nährstoffe leichter aus dem Boden ausgeschwemmt werden.

Die Rainfarn-Phazelie ist die lilafarbene Pflanze unten im Bild und eine wunderbare Gründüngungspflanze, die während der gesamten Vegetationsperiode angebaut werden kann. Sie vermehrt sich durch Selbstaussaat in der nächsten Gartensaison. Die Rainfarn-Phazelie ist effektiv und eine unglaublich rasch wachsende Bodendeckerpflanze.

Sie hat viele positive Eigenschaften. So zieht die Pflanze etwa Bienen und Insekten an und bedeckt den Boden im Lauf des Sommers. Ihre Wurzeln reichen tief in den Boden hinein und können helfen, harten Boden zu lockern. Wenn Sie ab März eine Handvoll Samen breitwürfig in den Beeten aussäen und im Sommer einige Male an anderer Stelle im Garten, blühen die Phazelien die ganze Saison über.

Falls Sie eine Winterabdeckung wünschen, säen Sie die Pflanzen im August oder September erneut in den geräumten Beeten aus. Dadurch kann der Boden im Herbst und Winter seine Nährstoffe in den oberen Schichten halten. Es gibt mehrere gute Gründüngungspflanzen, aber für den Schnittgarten eignet sich die Rainfarn-Phazelie in besonderem Maße, da sie sich auch in Blumensträußen sehr gut macht.

KOMPOSTIEREN

Hausgemachter Kompost besteht aus grünen Pflanzenteilen, Laub, unerwünschtem Unkraut (ohne Samen und Wurzeln von Quecken, Löwenzahn und Giersch) und Küchenabfällen, also Gemüseresten wie Schalen. Niemals Brot, Fleisch oder Essensreste einbringen und Schalen von Zitrusfrüchten nur, wenn diese biologisch sind. Eierschalen dagegen sind wertvoll, da sie Kalk enthalten, und auch Kaffeesatz ist ein guter Zusatz. Der hausgemachte Kompost, der sich bei sachgemäßer Behandlung im Kompostbehälter mit der Zeit in feinen Humus verwandelt, eignet sich sehr gut zum Blumenanbau. Er sollte ein Jahr gereift sein, bevor er in den Beeten zum Einsatz kommt.

Kompost wird ab dem Frühjahr verwendet, wenn die Beete für die Sommersaison vorbereitet werden. Dazu eine Schicht von wenigen Zentimetern auf der Oberfläche verteilen. Die Pflanzen können während der Vegetationsperiode davon leben. Da sie die notwendigen Nährstoffe von oben aufnehmen, soll der Kompost also nicht in den Boden eingearbeitet werden. Das ist eine Aufgabe für die Würmer. Die Zugabe von organischem Material reicht normalerweise aus, um schöne Blumen zu ernten.

Ich verwende eine Mischung aus Pferdemist, der zwei Jahre lang geruht hat, und selbst hergestelltem Kompost. Diesen ergänze ich mit Kompostboden, den ich von einer örtlichen Abfallsortieranlage hole, die nur Pflanzenteile von Parkanlagen verwendet, in denen nicht gespritzt wird. Auf unserer Biofarm stellen wir sicher, dass der Kompost frei von Pestiziden ist.

Beginnen Sie einfach mit dem Kompostieren. Sie können einen geschlossenen Kompostbehälter verwenden oder einen offenen Kompostplatz an einer geeigneten Stelle im Garten anlegen. Beachten Sie bitte folgende Regeln:

Der Kompost muss in Schichten aufgebaut werden, die sowohl aus Grünteilen (Unkraut ohne lebensfähige Wurzeln und Samen oder Grünabfälle) als auch aus Braunteilen (getrocknete Blätter, zerkleinerte Zweige, Eierkartons usw.) bestehen. Diese werden geschichtet und zwischendurch gewässert, es sei denn, es regnet viel. Kompostwürmer unterstützen den Verrottungsprozess erheblich. Es ist wichtig, den Kompost ein paar Mal im Jahr mit Sauerstoff zu versorgen. Wenden Sie mit einer Spatengabel inneres Material nach außen und oberes nach unten. Ohne Sauerstoffanreicherung kann sich der Kompost verdichten und zu einem faulen, stinkenden Haufen werden.

Der Kompost muss also während der gesamten Kompostierungsphase, die ein bis zwei Jahre beträgt, kontinuierlich umgesetzt, bewässert und bearbeitet werden. Dann haben Sie einen schönen hausgemachten Kompost, der nach Leben und glücklichen Tagen riecht.

Es ist vorteilhaft, mit mehreren Kompostplätzen parallel zu arbeiten. Wenn der erste Kompost den ersten Winter über geruht hat, können Sie im Frühjahr mit Kompost Nummer zwei beginnen. Der alte ist auf sich allein gestellt, und während er es sich gut gehen lässt, startet der neue den Kompostierungsprozess.

Im Frühling befreien Sie die Beete von alten Pflanzenresten und Blättern und beginnen mit dem neuen Kompost. Jäten und lockern Sie den Boden leicht auf und geben Sie reifen Kompost aus dem Behälter der vergangenen Jahre ins Beet. Danach können Sie Ihre Setzlinge auspflanzen. Wenn Sie den Boden auf diese Weise bedecken, sickern die Nährstoffe langsam zu den Wurzeln hinunter.

Mit Kompost geben Sie dem Boden Kohlenstoff zurück, was gleichbedeutend ist mit Leben im Boden. Kompost ist ein Naturprodukt und sollte als langfristige Investition für Ihren Boden betrachtet werden. Wenn Sie einfach vom Boden nehmen und nichts zurückgeben, wird er müde und trostlos. Kompost hat definitiv einen Nutzwert.

Fakten über Kompost aus Recyclingstationen

Grünabfälle aus Garten- und Parkanlagen werden gesammelt, zerkleinert und in großen, trapezförmigen Haufen (auch Kompostmieten genannt) angelegt. Wenn die erforderlichen Temperaturen im Haufen erreicht sind, beginnt die Kompostierung. Nach Abkühlen des Komposthaufens wird er gewendet, anschließend wird der Verrottungsprozess wieder durch sehr hohe Temperaturen beschleunigt, wodurch der Kompost hygienisiert wird. Die Herstellung eines ausgereiften und verwertbaren Komposts in den Kompostierungsanlagen (auch an den kommunalen Recyclingstandorten) dauert in der Regel ein halbes bis ein ganzes Jahr.

Selbst wenn Herbizide in Gärten oder Anlagen verwendet wurden, ist es praktisch unmöglich, sie in den Grünabfällen nachzuweisen, sobald diese den Kompostierungsprozess durchlaufen haben und als Kompost zur Wiederverwertung in Form eines Düngers oder Bodenverbesserers enden. Da das Gift von der nun abgestorbenen Pflanze aufgenommen wurde, verschwinden diese möglichen Restbestände im Promillebereich bei den hohen Temperaturen (Hygienisierung), die bei der Kompostierung auftreten. Vertrauen Sie den guten Eigenschaften des Komposts als nützliches Produkt und konzentrieren Sie sich nicht nur auf die Dokumentation, inwieweit der Kompost ein reines Produkt ohne toxische Rückstände ist. Das ist er aller Wahrscheinlichkeit nach. Wenn Sie jedoch immer noch zweifeln und die örtliche Recyclingstation keine Analysen vorlegen kann, ob das Produkt frei von Pestiziden ist, können Sie eine kostenpflichtige Analyse in einem Labor durchführen lassen. Wurde der Kompost richtig hergestellt, ist es fast unmöglich, Pestizidrückstände aus dem Kompost der Recyclingstationen aufzuspüren. Eine Garantie kann jedoch niemals gegeben werden.

Zusammenfassung des Gesprächs mit Tobias Hoffmann, Gemidan, Januar 2020.

ANDERE NATÜRLICHE DÜNGEMITTEL

Nur Dahlien und Wicken werden in meinem Garten mit zusätzlichem Dünger in Form von Biohühnerpellets, gemischt mit Biolupinendünger, versorgt. Diese Präparate sind als Fertigmischungen auf dem Markt erhältlich. Sie werden nur einmal hinzugefügt, wenn die Knollen in den Boden gelegt werden. Dahlien sind sehr hungrige Pflanzen, die eine einzige Saison lang wachsen und eine wahre Blütenexplosion hervorbringen. Rosen sind ebenfalls sehr dankbar für zusätzlichen Dünger, können allerdings nur schwer rein ökologisch gezüchtet werden, da sie häufig anfällig für Pilzkrankheiten und Läuse sind. Ohne Pestizide lassen sie sich daher nur sehr unzulänglich behandeln. Ich habe einige Exemplare nur zur Dekoration im Staudengarten, aber sie werden oft von Rosenrost und dergleichen befallen. Meiner Meinung nach muss man eine Auswahl treffen. Es gibt so viele andere Blumensorten, die ohne den Einsatz verschiedener Pestizide gedeihen. Daher entscheide ich mich lieber, diese anzubauen und mit großer Sorgfalt zu pflegen.

Besonders hungrigen Pflanzen wie Dahlien und Wicken, die während der Vegetationsperiode etwas mehr Nahrung benötigen, können Sie übrigens auch selbst hergestellten Dünger aus Brennnesseln verabreichen.

Brennnesseljauche selbst herstellen

Sammeln Sie zu Beginn der Saison einen Eimer voll Brennnesseln, bevor diese ihre Samen ausbilden. Übergießen Sie die Brennnesselblätter mit Wasser und lassen Sie die Brühe einige Wochen an einer schattigen Stelle stehen. Dann ist die Jauche gebrauchsfertig. Gemischt mit Wasser im Verhältnis 1 : 10, können Sie Ihre hungrigen Pflanzen damit düngen. Brennnesseljauche ist sehr nahrhaft. Verwenden Sie keinen Metalleimer, da die Brühe mit dem Metall reagieren kann. Nehmen Sie stattdessen einen Plastikeimer. Brennnesselwasser kann übrigens auch gespritzt werden, um Läusebefall zu verhindern.

Einige Fakten über Urin als Dünger

Sie können auch Ihren mit Wasser verdünnten Urin verwenden, um Ihre Pflanzen zu bewässern. Gießen Sie die Flüssigkeit immer neben die Pflanze auf den Erdboden und nicht direkt auf die Blätter. Unter Gärtnern gilt Urin bisweilen als „goldenes Wasser". Und Goldwasser kann kaum ekelhaft sein. Der Begriff ruft in mir Bilder von romantischen, blühenden Wiesen hervor. Goldwasser wird beschrieben als „die ungekrönte Königin im Düngerarsenal". Es bietet eine gute Stickstoffergänzung während der Vegetationsperiode. Den besten Effekt hat es, wenn Sie bereits Kompost als Bodenbedeckung verwenden. Sie können auch Ihr eigenes Goldwasser im Kompost selbst verwenden, da es den Kompostierungsprozess in Gang setzt. Im Verlauf einer Vegetationsperiode werden ungefähr ein bis zwei Liter pro Quadratmeter empfohlen.

IMMER DAS WOHL DER PFLANZEN IM BLICK

Ob Ihr Boden reich an Nährstoffen ist oder nicht, erkennen Sie am Wohlbefinden Ihrer Pflanzen. Wenn sie gelbe Blätter bekommen, ist dies oft ein Zeichen dafür, dass ihnen Nährstoffe oder Sauerstoff im Boden fehlen. Die Länge und Gesundheit des Stängels ist auch eine Frage der richtigen Wachstumsbedingungen im Boden.

Meine Empfehlung für den Einstieg wäre, im Frühjahr einfach Kompost in den Boden zu geben und bei Bedarf zu wässern. Ihr Boden sollte mehr Humus als Sand oder Lehm enthalten. Wenn Ihr Boden sehr lehmhaltig ist, fügen Sie Sand zusammen mit dem Kompost hinzu, aber bitte keinen Sand von einem Strand, da dieser zu viel Salz enthält. Sie werden mit ziemlicher Sicherheit eine Blütenpracht ernten, wenn Sie organisches Material hinzufügen und bei Trockenheit wässern.

Sollte Sie die Frage interessieren, inwieweit Ihr Boden gut oder ausgelaugt, nährstoffarm, fruchtbar oder abgenutzt ist, können Sie eine Bodenprobe entnehmen lassen – teils um den pH-Wert im Boden zu messen, teils um den Zustand von N (Stickstoff), P (Phosphor) und K (Kalium) untersuchen zu lassen. Im Internet finden Sie viele Antworten auf Ihre Fragen, falls Sie sich mit Bodenthemen eingehender befassen möchten.

- Ist Ihr Boden sehr kompakt und lehmig, fügen Sie Sand und gegebenenfalls Blähton hinzu, und zum Schluss geben Sie obenauf noch eine Schicht Kompost.
- Ist Ihr Boden eher sandig, fügen Sie Kompost und kompostierten Pferdemist oder Ähnliches hinzu.

Eines sollten Sie sich merken: Unterschiedliche Blumen erfordern unterschiedliche Umgebungen. Informieren Sie sich also über die einzelnen Blumensorten und versuchen Sie, die Wuchsbedingungen zu schaffen, unter denen sie am besten gedeihen. Niemand wird gern in zu kleine Schuhe gepresst. Genauso ist es mit dem Boden. Machen Sie ihn luftig und leicht, damit die Pflanze Platz für die Wurzeln hat. Gedeiht sie an einem Ort nicht, kann sie an einen anderen Platz mit anderen Bedingungen versetzt werden, solange dafür noch Zeit ist.

Fakten über N, P, K

N steht für Nitrogenium, das heißt Stickstoff, P für Phosphor und K für Kalium. Sie haben diese Abkürzungen wahrscheinlich schon einmal auf Düngersäcken gesehen, die Sie in Genossenschaften finden. Wenn nur NPK-Dünger auf einem Sack steht, handelt es sich um Kunstdünger, das heißt, er ist chemisch bzw. künstlich hergestellt und damit zur Verwendung in einem Biogarten nicht empfehlenswert.

Für ökologisch arbeitende Gärtner wird empfohlen, diese lebenswichtigen Nährstoffe und Mineralien – wie zuvor beschrieben – dem Boden und den Pflanzen auf natürliche Weise zuzuführen. Hier folgt eine kurze Einführung in dieses spannende Thema, das leicht das gesamte Buch füllen könnte. Wenn Sie sich damit eingehender beschäftigen möchten, besorgen Sie sich dazu weiterführende Literatur.

N – wird von den Wurzeln der Pflanzen aufgenommen und sorgt für ein gutes und üppiges Wachstum. Stickstoff befindet sich in der Luft, kann aber nicht direkt von den Pflanzen aufgenommen werden, weshalb der Boden mit dem Nährstoff versorgt werden muss. Dies kann über den Kompost und vorzugsweise im zeitigen Frühjahr erfolgen. Vermeiden Sie Überdüngung, sondern nehmen Sie besser zu wenig als zu viel. Von den Pflanzen nicht aufgenommener Stickstoff wird ausgeschwemmt. Vermeiden Sie es daher, am Ende der Saison mit Stickstoff zu düngen.

P – ist wichtig für die Wurzelsysteme der Pflanze und trägt dazu bei, sie widerstandsfähiger zu machen. Phosphor fördert die Blütenbildung bei Blumen, ist eine stabilere Substanz als Stickstoff und wird nicht so leicht ausgeschwemmt. Ein Phosphormangel lässt die Pflanzen traurig und grau aussehen. Wenn Sie Kompost hinzufügen und den Boden mit Humus anreichern, fehlt es selten an Phosphor.

K – trägt zur Widerstandskraft der Pflanze bei und erhöht die Resistenz durch Stabilisierung des Flüssigkeitsgehalts und des Zuckerhaushalts in der Pflanze. Wenn ein Kaliummangel vorliegt, sehen die Pflanzen geschwächt aus, die Blätter werden gelb und vom Rand her braun. Umgekehrt kann zu viel Kalium im Boden die Aufnahme von Magnesium verhindern, das die Bildung von Blattgrün fördert. In sandigen Böden fehlt in der Regel häufiger K als in Lehmböden.

Quelle: *Naturlig gødning i haven (dt. Natürliche Düngung im Garten)*

DER PH-WERT DES BODENS

Der pH-Wert ist wichtig für das Wohlbefinden der Pflanzen. Die meisten Gewächse gedeihen bei einem pH-Wert von 6,5 am besten. Dies sollte Ihre Bezugsgröße sein, an der Sie sich orientieren können.

Pflanzen, die sauren Boden (pH 1–6) lieben, sind beispielsweise Rhododendren, Blaubeeren und Azaleen. Pflanzen, die alkalischeren Boden (pH 8–14) bevorzugen, sind insbesondere Rosen und Erdbeeren. Sie können Ihren Boden saurer machen, indem Sie Abfall von Nadelbäumen hinzufügen. Ein Tipp von Jens Juhl ist die Verwendung von Buttermilch, um den pH-Wert zu erhöhen. Verwenden Sie einen halben Liter Biobuttermilch auf zehn Liter Wasser und gießen Sie neben die Pflanzen. Am besten einmal im Frühling und einmal im Herbst, anschließend nur noch mit Kompost ergänzen.

Vermeiden Sie den Kauf des sauren Bodensubstrats Sphagnum, da es in Hochmooren gewonnen wird, die vom Aussterben bedroht sind. Darüber hinaus wird Kohlendioxid in die Atmosphäre freigesetzt, wenn den Mooren während der Extraktionsphase das Wasser entzogen wird. Sobald das Torfmoos einmal entnommen wurde, kann der Moorlebensraum nicht wiederhergestellt werden.

Wenn der pH-Wert Ihres Bodens zu sauer ist, fügen Sie Kalk hinzu, der den Säuregehalt neutralisiert.

Sollten Sie einen guten Boden haben, der von Natur aus fruchtbar ist, empfehle ich, den Ratschlägen zu folgen und Ihren Pflanzen jeden Frühling organischen und natürlichen Dünger bzw. Kompost zuzuführen und an die Bewässerung während Trockenperioden zu denken.

Tipp zur Fruchtfolge

Im ökologischen Landbau wird viel Wert auf die Fruchtfolge gelegt. Das bedeutet, dass sich die Pflanzen in den Beeten abwechseln und zwei Jahre hintereinander nicht an derselben Stelle stehen. Der Boden gedeiht nicht optimal, wenn Sie Jahr für Jahr dieselben Pflanzen an derselben Stelle anbauen. Dies gilt sowohl für Gemüse als auch für Blumen, vor allem aber für sehr nährstoffintensive Pflanzen wie Dahlien und Wicken. Ich pflanze sie jedes Jahr an einer anderen Stelle im Garten an und wechsle die Beete, um Bodenermüdung und Krankheiten entgegenzuwirken.

KAPITEL 4

DIE VIER JAHRESZEITEN IM ÖKOLOGISCHEN BLUMENGARTEN

In diesem Kapitel stelle ich Ihnen die unterschiedlichen Aufgaben vor, die in einem ökologischen Blumen- und/oder Gemüsegarten im Jahresverlauf anfallen.

Das Gartenjahr beginnt im Winter mit all den Träumen von herrlichen Blumensträußen aus Beeten, die alle Rekorde schlagen. Die Traumphase ist ein wunderbarer Zustand, denn hier kann alles passieren. Schauen Sie sich um, lassen Sie sich von anderen inspirieren und von Ihrem eigenen Geschmack in Bezug auf Farben und Ausdrucksformen leiten. Soll Ihr Garten eher in Pastellfarben oder in leuchtenden Farben gehalten werden oder von jedem etwas haben? Wie sieht Ihre Lieblingsfarbpalette aus? Entscheiden Sie sich für das, was Sie am schönsten empfinden.

Im Frühling folgt dann die praktische Arbeit. Nun beginnt die Zeit mit warmen Pullovern, Tee in der Thermoskanne, geröteten Wangen und Schweiß auf der Stirn. Im Frühling werden Ihre Bemühungen den Ausschlag dafür geben, wie gut Sie Ihre Träume verwirklichen können.

Bald kommen der Sommer und die Blumenpracht – alles, worauf Sie gewartet haben. Blumen in langen Reihen für die prächtigsten Sträuße, die den Alltag verschönern und alle besonderen Anlässe noch festlicher machen. Üben Sie sich in der Gestaltung von großen und kleinen Sträußen. Pflücken Sie von Ihren Blumen und nehmen Sie sie mit. Viele Sommerblumen reagieren darauf mit noch mehr Blüten. Halten Sie sich also beim Pflücken nicht zurück. Spielen Sie mit den Farben. Betrachten Sie sich die Wirkung, wenn Sie die Pflanzen miteinander kombinieren. Das Spiel mit den Blumen sorgt für Stressabbau und ist gesund für die Seele – einen selbst zusammengestellten Strauß schätzen die Empfänger meist tausendmal mehr als ein der Norm enstprechendes 08/15-Bukett. Die meisten Leute haben eine Schwäche für selbst gemachte Geschenke, und mit Liebe kreierte Blumensträuße stehen ganz oben auf der Hitliste.

Ehe man sich versieht, hält der Herbst Einzug, und der Garten muss für den Winter hergerichtet werden. Nun beginnt eine wundervolle Zeit mit getrockneten Blumen und dem Gestalten von Kränzen, wobei Sie wieder wunderbar mit den Materialien spielen können.

Danach ist es an der Zeit, sich zurückzulehnen und erneut von all den schönen Dingen zu träumen, die Sie in der kommenden Blumensaison unbedingt einmal ausprobieren möchten.

Die Bilder zeigen meinen Gartenweg, in verschiedenen Monaten fotografiert. Es ist pure Magie, wie sich alles im Lauf von ein oder zwei Jahren verändert.

WINTER

JANUAR UND FEBRUAR

AM ANFANG STEHEN DIE TRÄUME

Im Winter ist es Zeit, sich zu entspannen und sich seinen Träumen hinzugeben. Der Garten soll nun ruhen. In diesen Monaten lese ich einschlägige Bücher und -zeitschriften. Ich sortiere Samen und teile sie ein, damit ich weiß, was ich später säen will. Außerdem fertige ich Gartenzeichnungen an und stelle mir in Gedanken sonnenbeschienene Blumenbeete vor.

Als ich im Winter 2017 auf Mangholm anfing, wollte ich einen schönen und etwas wilden Besuchergarten für die Gäste der Farm schaffen. Ebenso wollte ich dort im Sommer Blumen für Sträuße pflücken, um sie an meinem Straßenstand zu verkaufen. Ich hatte bereits eine klare Vorstellung davon, welche Stauden ich aus meinem Nutzgarten teilen und mitnehmen könnte, welche Sorten ich neu säen und wo ich mit Sommerblumen ergänzen würde.

Da ich mich entschied, den Garten in kleinere Beete zu unterteilen und Holzspäne auf den Wegen auszustreuen (siehe Zeichnung Seite 27), wurde es für mich einfacher zu erkennen, welche Farben und Wuchshöhen in den Beeten zusammenpassen könnten. Ich hatte meine Hausaufgaben schon im Vorfeld gemacht, indem ich Gartenbücher studiert und im Internet nach perfekten Kombinationen gesucht hatte. Außerdem hatte ich Pflanzen ausgewählt, die sowohl als Deko verwendet als auch als Kräuter gegessen werden konnten, da ich natürliche Blumensträuße mit duftenden Elementen liebe.

Im März kann man sich allmählich an die ersten Arbeiten im Garten machen. Auf Mangholm gab es anfangs absolut nichts als guten, schlammigen Dünger aus dem Schweinestall, und ich entschied mich, den Boden nicht weiter zu düngen. Nach meiner ersten Saison wusste ich dann, dass sich Viehdung gut dazu eignet, eine reiche Blüte hervorzubringen.

DIE PLANUNG DER KOMMENDEN SAISON

Ein großer Teil des Blumenanbaus in dem Ausmaß, wie ich ihn betreibe, besteht darin, sich um die Planung der nächsten Saison zu kümmern. Es gibt viele Überlegungen, die Sie anstellen müssen, wenn Sie Saatgutkataloge durchblättern und sich in all die fantastischen Blumen verlieben, die auf Ihrem Land im Freien wachsen können. Doch selbst wenn Sie nur wenige Beete oder ein kleines Stück Erde haben, ist eine gewisse Planung wichtig, um den größtmöglichen Erfolg und das beste Ergebnis mit dem Blumengarten zu erzielen.

Es gilt, verschiedene Dinge zu beachten, beispielsweise wann die Samen gesät werden sollen, welche Lichtverhältnisse die richtigen sind, wo die Pflanzen leben sollen und welche Sorten im Beet gut zusammen aussehen.

Um mir einen Überblick zu verschaffen, sortiere ich meine Saatguttütchen nach den Monaten, in denen sie gesät werden sollen. Viele Stauden werden bereits im Herbst ausgesät, die meisten Sommerblumen im Frühjahr. Einige können im zeitigen Frühjahr direkt im Freien ausgesät werden, während ein großer Teil im Haus vorgezogen werden muss.

Außerdem sollten Sie im Blick haben, wie viel Platz Sie im Garten für die verschiedenen Arten und Sorten haben und wie viel Platz eine einzelne Pflanze einnimmt. Zeichnen Sie die Beete auf, um einen Überblick zu bekommen, damit Sie nicht zu viele Samen säen und später unzählige kleine Pflänzchen wegwerfen müssen.

Verbünden Sie sich vielleicht mit einem anderen Blumenliebhaber und säen Sie jeweils verschiedene Sorten, um im Frühjahr Jungpflanzen miteinander zu tauschen. Die kleinen Pflänzchen, die in ihren ersten Lebensmonaten drinnen stehen müssen, benötigen die richtigen Licht- und Wärmebedingungen – sie nehmen viel Platz ein.

Die Pflänzchen werden schnell groß, bevor sie dann schließlich im Mai ausgepflanzt werden können. Achten Sie deshalb bitte darauf und säen Sie nicht zu früh. Nur so können Sie vermeiden, dass sie sich zu stark ins Licht strecken und zu lang und schmal werden. Es lohnt sich, die auf den Samentütchen angegebene Zeit abzuwarten, insbesondere wenn Sie nicht viel Platz haben und keine zusätzliche Lichtquelle verwenden.

Tipps zur Übersicht

Unterschiedliche Pflanzen benötigen an ihrem endgültigen Wachstumsort unterschiedlich viel Platz, und es gibt einige goldene Regeln, die meiner Erfahrung nach gut funktionieren.

Nehmen wir zum Beispiel einen Quadratmeter Fläche: Es gibt einige Pflanzen, die viel Platz benötigen und am besten gedeihen, wenn drei in einer Reihe mit ca. 30 Zentimeter Abstand stehen, was ca. neun Pflanzen auf einem Quadratmeter entspricht. Dazu gehören Sonnenblumen, Amarant, Fenchel, Bischofskraut und Schmuckkörbchen.

Dann gibt es andere, die dichter beieinanderstehen können, vier Stück in einer Reihe, also 16 Pflanzen auf einem Quadratmeter. Dies sind zum Beispiel Zinnien, Ziertabak, Skabiosen, die meisten Gräser und Strohblumen.

Schließlich gibt es diejenigen Pflanzen, die noch näher beieinanderstehen können. Das sind Kornblumen, Ringelblumen und Jungfer im Grünen. Diese können Sie entweder im Herbst oder im Frühjahr direkt im Freiland säen.

PFLANZEN DURCH STECKLINGE VERMEHREN

Ich liebe es, im Herbst oder Frühjahr Stecklinge meiner Lieblingspflanzen zu nehmen und sie ins Wasser zu stellen. Viele bilden im Wasser Wurzeln und ergeben im Frühjahr neue Pflanzen, sobald sie eingetopft werden. Es ist eine günstige und relativ einfache Art, seine Pflanzen zu vermehren.

Schneiden Sie zum Beispiel Stecklinge von Ihren Biokräutern ab und gewinnen Sie auf diese Weise mehr Pflanzen. Basilikum, Minze, Rosmarin und Salbei schlagen bereitwillig Wurzeln, wenn Sie sie im Haus ins Wasser stellen. Sobald Wurzeln gebildet wurden, können die Pflanzen eingetopft werden, immer einzeln pro Topf. Wenn Sie die Triebspitze, also den Kopf, entfernen, verzweigt sich die Pflanze.

Verwenden Sie gesunde, ökologische Erde und düngen Sie ab und zu ein wenig mit organischem Dünger. Dann erhalten Sie viele Kräuter für die Küche und für Duftelemente in Ihren Blumensträußen.

Im Bild unten links ist ein Strauß aus Fetthennen zu sehen, der im Spätsommer ins Wasser gestellt wurde und in der Vase stehen, verdorren und neue Pflanzen bilden durfte. Im Frühjahr werden die verdorrten Zweige abgeschnitten und die neuen Triebe in frische Erde gesteckt.

Ich vermehre auch fleißig meine Zimmerpflanzen mit Stecklingen. Die Bilder in der Mitte und rechts zeigen verschiedene Stecklinge von Pelargonien und Duftgeranien, die ich einfach liebe. Es sind Stecklinge von Sauerampfer, den ich im Supermarkt als Biokraut gekauft habe, und Stecklinge, die auf dem Heimweg von Rom „in den Koffer gesprungen" sind. Die roten Pflanzen sind Buntnesseln, die ein oder zwei Jahre leben und dann absterben. Denken Sie deshalb daran, ab und zu Stecklinge abzunehmen und neue Pflanzen zu ziehen

DIE QUELLE DES BLUMENABENTEUERS – DIE SAMEN

Sommerblumen werden in zwei verschiedene Kategorien unterteilt, und ich sortiere meine Samentüten auch nach den Monaten, in denen sie gesät werden können. Oft werden die Kategorien auf den Samentütchen auf Englisch angegeben. Ich gebe zu, ich liebe es, im Herbst und Winter nach samenfesten, neuen und aufregenden Blumensorten zu suchen, die ich im folgenden Jahr anbauen will.

In Bezug auf Klima und Temperatur werden die Samen in die Kategorien winterharte Einjährige und bedingt winterharte Einjährige unterteilt.

Sind die Samen winterhart, bedeutet dies, dass sie direkt im Herbst an der Stelle ausgesät werden können, an der sie im folgenden Jahr wachsen sollen. Ebenso können sie früh im Haus gesät und früh ausgepflanzt werden, da sie Kälte vertragen. Diese Arten von Blumen säen sich auch bereitwillig selbst, die Samen überwintern im Boden, keimen im Frühjahr und erscheinen plötzlich an Stellen, die weit von dem Ort entfernt sind, an dem sie letztes Jahr standen. Ich habe autonome, selbst säende Blumen schon immer sehr gemocht. Diese Art von Wildheit und Chaos, worüber ich keine Kontrolle habe, ist ganz nach meinem Sinne.

Über Saatgut und das rote Ökosiegel

Wer Blumen aus ökologischem Samen säen möchte, findet immer mehr Saatgutunternehmen, die Bioblumensamen verkaufen. Informieren Sie sich im Internet oder schließen Sie sich Saatguttauschgruppen an.

Als ökologischer Blumenproduzent ist man verpflichtet, so weit wie möglich Biosaatgut zu kaufen. Da jedoch viele spezifische Blumensorten noch nicht als ökologisches Saatgut erhältlich sind, können Sie möglicherweise bei der Landwirtschaftsbehörde eine Ausnahmegenehmigung beantragen.

Der übrige Prozess vom Samen bis zur Blüte muss natürlich nach ökologischen Kriterien ablaufen. Dazu zählt die Verwendung von zugelassener Aussaat- und Pikiererde sowie Blumenerde, die Bodendüngung, die Kontrollbuchführung und schließlich Hege und Pflege.

Wenn Sie gerade auf ökologischen Landbau umstellen, gilt die Regel: Zwölf Monate nach dem Umstellungsdatum für das Feld kann das Saatgut mit einem Hinweis auf den Umstellungsstatus vermarktet werden. Es darf also in ökologischen Betrieben verwendet werden.

Für die künftige Verwendung im Betrieb muss keine Ausnahmegenehmigung beantragt

Winterharte Einjährige sind etwa Ringelblume, Rainfarn-Phazelie, Jungfer im Grünen, Mohn, Kornblumen, Amarant, Schmuckkörbchen und Wilde Möhre.

Bedingt winterharte Einjährige vertragen keinen Frost und dürfen nur ausgepflanzt werden, wenn die Gefahr für Nachtfrost vorbei ist. Zu ihnen zählen Zinnien und Ziertabak.

Eine Art ist zum Beispiel das Schmuckkörbchen, lat. *Cosmos bipinnatus*, eine Sorte ist *Cosmos bipinnatus* 'Sonata'. Es liegt also an der jeweiligen Sorte, wenn das Aussehen der Pflanzen auch innerhalb derselben Art ganz unterschiedlich ausfällt.

Gul/Hvid
'Spejlæg'

werden. Das Saatgut kann auch als Ökoqualität an Privatpersonen verkauft werden, wenn das Feld, auf dem es angebaut wurde, seit 24 Monaten ökologisch bestellt wurde.

Das dänische Ökosiegel garantiert die Echtheit des Produkts, da es eine ganze Reihe von Regeln für den Anbau abdeckt, für die der Gartenbesitzer ohne Zertifizierung nicht zur Rechenschaft gezogen werden darf.

Deshalb: Wenn Sie Ihre Blumen ohne Ökosiegel verkaufen wollen, erwähnen Sie bitte, dass die Blumen aus ungespritztem Anbau stammen.

Gemäß der Ökologiegesetzgebung dürfen Sie Ihr nicht ökologisches Produkt jedoch in keiner Weise unter dem Hinweis vermarkten, es sei nach ökologischen Produktionsmethoden hergestellt worden.

Dies zu respektieren ist enorm wichtig. Im Falle eines Verstoßes kann man mit einer Geldstrafe belegt werden. Mein bester Rat, wenn Sie Ihre Blumen in größerem Maßstab verkaufen wollen, ist der, dass Sie auf ökologischen Landbau umstellen und alle Regeln einhalten. Diese Hürden sind überwindbar und zahlen sich am Ende aus.

Auflistung von Saatgut nach dem Zeitpunkt der Saat

Januar – Vorkultur im Haus: Rittersporn, Mohn, Schafgarbe, Prachtkerze, einige Gräser (zum Beispiel Federgras), Duftwicke und Schleier-Eisenkraut (Gewächshaus)

Februar – Vorkultur im Haus: Strandflieder, Sonnenhut, Sommerastern, Löwenmaul, Bischofskraut und Schleier-Eisenkraut (Gewächshaus)

März – Vorkultur im Haus: Kanariengras, Fontänengras, Schwarzäugige Rudbeckie, Amarant, Zinnie, einjährige Monarda, Kolbenhirse, Sommerphlox, Große Knorpelmöhre, Skabiosen, Fenchel, Ziertabak, Duftwicken, Palmkohl, Grünkohl, Lauch, Anis-Ysop und Basilikum

März – direkt ins Freiland: Rainfarn-Phazelie, Gartenmelde, Ringelblume, Mohn, Jungfer im Grünen, Kornblume und Rittersporn

April – Vorkultur im Haus: Schmuckkörbchen, Sonnenblume, Zinnie und Basilikum

April – direkt ins Freiland: Rainfarn-Phazelie, Ringelblume, Mohn, Jungfer im Grünen, Koriander und Sonnenblume

Mai – direkt ins Freiland: Sonnenblume, Fenchel, Zinnie und Sommerastern

Als Einjährige werden Sommerblumen bezeichnet, die nur eine Saison überdauern, aber im Gegenzug eine Vielzahl von Blüten hervorbringen.

Zweijährige sind Pflanzen, die im ersten Jahr nur eine grüne Rosette bilden und im folgenden Jahr blühen, normalerweise nur einmal. Beispiele für Zweijährige sind Fingerhut und Kronen-Lichtnelke. Fingerhut kann jedoch mehrere Jahre hintereinander blühen, wenn man die Blüte vor der Samenbildung abschneidet.

FRÜHLING

MÄRZ, APRIL UND MAI

VIEL ZEIT IM GARTEN

Der Frühling ist die arbeitsintensivste Zeit im Garten. Viele Stunden erfordern die Planung und die Vorkultur der Pflanzen, bevor die meisten von ihnen etwa Mitte Mai, wenn keine Gefahr von Nachtfrost mehr besteht, ins Freiland gesetzt werden. Der Keimungsprozess wird mit Spannung erwartet – und nicht zuletzt ist dies eine Zeit voller Sehnsucht, weil man die Hände endlich wieder mit der Erde in Kontakt bringen und alles wachsen sehen möchte.

Aber ohne Fleiß kein Preis – das gilt auch für einen schönen, üppigen Blumengarten. Zunächst müssen alle Gartenbeete vorbereitet werden. Die Bodendecke der letzten Saison muss entfernt, es muss gejätet, abgeräumt und neuer Kompost auf die Beete gegeben werden, bevor angepflanzt werden kann. Ich verbringe die letzte Märzhälfte und den ganzen April damit. Wenn Sie Ihre Stauden zurückschneiden, können Sie das Schnittgut als Isolierung für die Pflanzen verwenden, falls es zu dieser Zeit noch Schnee und Frost geben sollte.

Die Gartenarbeit verschafft Ihnen viel Bewegung und schenkt Ihnen rosige Wangen und einen gesunden, kräftigen Körper. Erledigen Sie die Aufgaben in kleinen Schritten und vergessen Sie nicht, die jetzt anstehenden Arbeiten zu genießen. Sie sollten das, was vor Ihnen liegt, nicht als Stress empfinden. Verschaffen Sie sich am besten vorab einen Überblick, damit Sie beim Erledigen dieser Aufgaben Erfolgserlebnisse haben und sich wohlfühlen. Setzen Sie sich kleine, aber überschaubare Ziele für den Tag. Ein Garten fordert Sie immer wieder heraus. Gewöhnen Sie sich also an, auf Ihren Körper zu hören und sich nicht mit zu großen Zielen zu überanstrengen. Machen Sie eins nach dem anderen – so werden Sie das Ziel gut erreichen. Stress ist genau das, was Gartenarbeit nicht aufkommen lassen sollte.

VORKULTUREN ZIEHEN

Falls Sie sich einen üppigen Garten wünschen, in dem Sie reihenweise Schnittblumen ernten können, müssen Sie ein wenig Zeit und Mühe in die Vorbereitung investieren. Beim Anlegen der Vorkultur können Sie steuern, wie viele Blumen Sie von jeder Art benötigen, anstatt nur Samen auszuwerfen und nicht zu wissen, wie viele davon aufgehen werden. Außerdem riskieren Sie beim unkontrollierten Aussäen, dass die Blumen zu dicht stehen und sich daher nicht optimal entwickeln.

Wenn Sie die Kontrolle über Ihre Beete haben möchten, sollten Sie die Pflanzen also vorziehen. So lässt sich die Blumensaison besser planen, und die Pflanzen haben einen Vorsprung, wenn sie in Innenräumen gesät wurden und einige Monate Zeit hatten, sich zu entwickeln. Auf diese Weise wachsen sie später im Freien schneller und zuverlässiger.

Wenn Sie mit der Anzucht der Blumen beginnen, sollten Sie das Saatguttütchen lesen und die Anweisungen des Herstellers beachten. Sie müssen sich darüber im Klaren sein, wann und wie die Samen gesät und wann die Pflänzchen eingesetzt werden können. Behalten Sie dabei stets im Blick, wie viel Platz Sie haben – teils draußen in den Gartenbeeten, teils auch drinnen –, um die Saatschalen einige Monate lang stehen lassen zu können.

Bleiben Sie bei diesen Überlegungen realistisch und bedenken Sie als Nächstes, ob Sie bereit sind, in eine oder mehrere Lampen zu investieren, die in den noch dunklen Frühlingsmonaten zusätzliches Licht liefern. Viele Jungpflanzen benötigen zum Keimen mehr Lichtstunden als die Tage im Februar und März hergeben, daher ist eine zusätzliche Lichtquelle notwendig.

Ich selbst benutze zwei verschiedene Arten von Lampen, nämlich LED-Lampen mit blauen und roten Dioden. Sie sind ständig für die Samen im Einsatz, die ich im Februar und März säe. Sobald sich Keimlinge zeigen, versuche ich, die Pflanzen in meinem Wintergarten unterzubringen, wo viel Tageslicht herrscht und die kühlere Temperatur dazu beiträgt, ein schnelles Wachstum zu unterbinden. Durch die Kombination dieser beiden Faktoren – Licht und Kälte – benötige ich keine zusätzliche Pflanzenleuchte, wenn ich die Pflanzen dort aufstelle. Sie wachsen langsamer, aber das spielt keine Rolle. Je größer sie werden, desto mehr Platz nehmen sie ein.

Auf den Samentütchen wird häufig angegeben, bei welcher Temperatur die Samen am besten keimen und ob sie mit Erde bedeckt oder einfach nur ausgestreut werden sollen. Einige Samen keimen im Dunkeln, andere brauchen Licht, wieder andere brauchen noch eine Kälteperiode.

Das gilt für die meisten Stauden. Daher werden sie vorzugsweise im Herbst im Freiland oder im Gewächshaus gesät und folgen dem Rhythmus der Natur. Haben Sie Geduld mit dem Keimungsprozess und versuchen Sie zu verstehen, dass die unterschiedlichen Samen jeweils eine eigene Behandlung erfordern.

Selbst Blumen zu säen ist eine wunderbare Beschäftigung, die viel Ruhe, Wohlbefinden und freudige Erwartungen an Blumen in voller Blütenpracht drei bis vier Monate später beinhaltet. Meine Empfehlung ist, dass Sie die Vorkultur über einige Wochen erstrecken, damit sie eine angenehme Beschäftigung bleibt, die Sie überblicken und um die Sie sich auch richtig kümmern können.

Die Keimlinge müssen gleichmäßig feucht gehalten werden, dürfen aber niemals klatschnass sein. Sie müssen von unten in einer Schale gewässert werden. Ich verwende gern eine lange Zinkschale mit hohem Rand, da sie Platz für viele Saatschalen mit Keimlingen hat, die sich leicht umplatzieren lassen. In die Anzuchtschalen habe ich mit einem Messer bereits Löcher gestochen, damit die Pflänzchen von unten Wasser ziehen können.

Gießen Sie nach maximal einer halben Stunde nach dem Wässern das restliche Wasser in der Schale ab. Es ist völlig in Ordnung, nur jeden zweiten, dritten oder vierten Tag zu wässern. Achten Sie aber darauf, dass Ihre Keimlinge weder ertrinken noch austrocknen. Wenn der Boden ständig durchnässt ist, besteht eine größere Wahrscheinlichkeit, dass die Keimlinge Wurzelhalserkrankungen bekommen und verrotten.

Es gibt viele inspirierende Gartenbücher und Beschreibungen im Internet, die sich mit der Aussaat von Sommerblumen und Stauden befassen. Meine Empfehlung ist jedoch, die Anweisungen der Saatgutfirmen für jede Sorte zu befolgen und sich in den ersten Jahren Notizen zu machen. Dann können Sie darauf zurückgreifen und nachschlagen, wie Sie vorgegangen sind. Schreiben Sie auf, wann Sie säen, wann die Samen keimen, wann Sie sie auspflanzen und wann Sie ernten. Ich persönlich liebe es, in meinen Notizbüchern zu stöbern, und verwende sie in den Folgejahren meist als Referenz.

So unterschiedlich wie die Samen sind, so sind auch wir Menschen. Natürlich ist es vollkommen in Ordnung, keine Lust auf all das mit Vorkultur, Notizen, Temperatur, Pflege, Licht und Bewässerung zu haben. Sie können trotzdem wunderschöne Blumen für üppige Sträuße ohne die ganze Vorkulturarbeit anbauen. Es bleibt dann eher dem Zufall überlassen, wie viel aus dem Boden sprießen wird, wenn Sie das Saatgut nur in die Gartenbeete streuen. Nicht alles wird genau dort wachsen, wo Sie es geplant hatten, aber auch das kann charmant sein. Es gibt so viele schöne Stauden und Kräuter im Handel, die Sie im Laufe der Zeit selbst vermehren können. Legen Sie also einfach mal los, indem Sie manches fertig kaufen und dann mit dem ergänzen, was Sie selbst säen.

MIT DEM SÄEN BEGINNEN

Ich kaufe meine Aussaaterde immer und achte dabei sehr genau darauf, dass sie für ökologischen Landbau zugelassen ist.

Der Grund, warum ich sie kaufe und für meine Jungpflanzen nicht meine eigene Gartenerde benutze, ist der, dass Gartenerde viele verschiedene Samen enthalten kann, die dann auch unter den richtigen Bedingungen keimen. Gartenerde ist außerdem nicht steril und weist mitunter Bakterien auf, die die kleinen, empfindlichen Keimlinge möglicherweise schädigen. Spezielle Aussaaterde hingegen ist keimfrei und nicht gedüngt. So kann ich mich darauf verlassen, dass nur die Samen aufgehen, die ich hineingegeben habe. Wenn Sie die Pflanzen pikieren (siehe Seite 91) und in Töpfe setzen, sollte die Erde ein wenig gedüngt sein.

Oft säe ich die ersten Samen in Saatkistchen aus und teile später die kleinen Pflanzen in andere Töpfe und schließlich in Plastikschalen mit Einzelzellen auf. Später in der Saison säe ich direkt in Anzuchtschalen mit jeweils einem oder zwei Samen pro Zelle – besonders die Arten und Sorten, von denen ich viele brauche und die von Anfang an viel Platz für ihre Entwicklung benötigen. Dazu zählen etwa Zinnie, Schmuckkörbchen, Sonnenblume und Wicke.

Viele Samen der Sommerblumen werden im März gesät, vorzugsweise in Saatkistchen oder kleinen Töpfen, dann pikiert und schließlich in Aussaatschalen mit Einzelzellen gesetzt. Ich säe viele meiner Blumen in einem eigens dafür vorgesehenen Raum im Haus, in dem die Schalen bei ca. 18 bis 20 °C stehen. Dort kann ich künstliches Licht hinzufügen, wenn die Pflanzen keimen und zu wachsen beginnen. Im März oder April bringe ich die gekeimten Pflanzen dann in mein Gewächshaus oder meinen

Wintergarten. Hier bedecke ich sie vorsichtshalber noch mit Vliesstoff, wenn die Wettervorhersage eine kalte Nacht verspricht.

Es ist sehr wichtig, dass Sie die Gegebenheiten, die Ihnen zur Verfügung stehen, hinsichtlich des Umfangs Ihres geplanten Projekts prüfen und schauen, ob sie passen. Wenn die Möglichkeiten begrenzt sind, gehen Sie lieber auf Nummer sicher und wählen Sie Samen aus, die im April drinnen gesät werden können. Dadurch verkürzt sich die Wartezeit auf das Auspflanzen in den Freilandbereich erheblich.

Tipps zur Aussaat

Bis die Samen keimen, decken Sie die Saatschale mit Plastikfolie ab. Das speichert die Feuchtigkeit während des Keimungsprozesses. Bohren Sie jedoch einige kleine Luftlöcher zur Belüftung hinein. Sobald sich kleine grüne Keimblätter zeigen, muss die Folie entfernt und darf nicht mehr auf die Schale gesetzt werden. Selbstverständlich kann sie aber gelagert und wiederverwendet werden.

Halten Sie Erde und Samen immer gleichmäßig feucht. Eine Sprühflasche eignet sich für diesen Zweck besonders gut. Eine Bodenheizung kann die Keimung beschleunigen, wenn die Saatschalen von unten Wärme bekommen, bis die Samen aufgehen. Auch hierbei bitte die Schalen mit einer Plastikfolie mit ein paar Luftlöchern abdecken. Sie können auch eine zu diesem Zweck hergestellte Heizdecke kaufen. Beachten Sie die Anweisungen auf den Saatguttütchen und suchen Sie im Zweifelsfall im Internet nach weiteren Informationen. Sobald die Jungpflänzchen gekeimt sind, brauchen sie einen hellen, kühleren Standort zwischen 15 und 20 °C.

TAGETES

PIKIEREN

Wenn ich sehr dicht gesät habe, pikiere ich die Keimlinge zuerst grob, indem ich mit einer Gabel vorsichtig einige kleine Büschel aus der Saatschale hebe und sie in kleinere Töpfe setze. Wenn die Pflanzen nach ein paar Wochen noch weiter gewachsen sind, dünne ich sie erneut aus und vereinzele sie in Zellschalen. Der Grund: Sollten die Pflanzen zu dicht beieinanderstehen, hören sie auf zu wachsen.

Jede Pflanze sollte ihre eigene Zelle haben, in der sie vor dem Auspflanzen heranwachsen kann. Zunächst bohre ich mit der Gabel ein Loch in die Erde bis zum Zellenboden und lege die Jungpflanze so hinein, dass die Wurzeln ganz nach unten reichen. Danach drücke ich die Erde um die Pflanze herum vorsichtig an.

Zum Abschluss lege ich immer eine dünne Schicht Vermiculit, ein vulkanisches Produkt, darauf – sowohl nach dem Säen als auch nach dem Pikieren. Es speichert die Feuchtigkeit und wirkt dem Algenwachstum entgegen.

DIE TOPFPRESSE

Wenn Sie viele Blumen derselben Saatgutsorte vorziehen und etwas Platz im Haus einsparen möchten, können Sie vorzugsweise eine Topfpresse verwenden. Das ist eine Art Stempel, mit dem Sie viele kleine Würfel aus komprimierter, gut durchnässter Aussaaterde herstellen können. Die Topfpresse ist in verschiedenen Größen erhältlich. Die Größe des Würfels richtet sich nach der Größe der Samen.

Ich benutze meistens die kleinste Variante, die 20 Würfel ergibt, und säe darin die kleinsten Samen, darunter beispielsweise Ziertabak und Gräser. Die Pflänzchen können einige Wochen in solch einem Würfel wachsen, bevor sie entweder in größere Zellen umgetopft oder direkt ins Freiland gepflanzt werden.

So gehen Sie vor:

- Verschaffen Sie sich einen Überblick darüber, wie viele Pflanzen jeder Art und Sorte in Ihrem Garten Platz finden, und säen Sie entsprechend. Berücksichtigen Sie dabei, dass nicht alle Samen keimen. Sie benötigen also mehr Samen, als Sie Pflanzen brauchen.
- Legen Sie eine kleine Portion Aussaaterde in eine wasserdichte Box.
- Tränken Sie jetzt die Aussaaterde mit so viel Wasser, dass Sie Wassertropfen herauspressen können, wenn Sie sie mit der Hand zusammendrücken.
- Platzieren Sie geeignete Boxen oder Schalen, in denen Sie Ihre kleinen Würfel herstellen können. Sie müssen vollständig sauber sein und einen flachen Boden haben. Zinkwannen mit Platz für mehrere „Stempel" eignen sich gut, wenn Sie die Pflanzen an einem Ort sammeln möchten, andernfalls nehmen Sie ähnliche. Ich verwende sowohl Zinkwannen als auch Plastikschalen mit transparentem Deckel.
- Drücken Sie nun die Topfpresse mehrmals in die eingeweichte Erde hinein, bis die Kammern gut mit Erde gefüllt sind und keine weitere Erde hineingedrückt werden kann.
- Drücken Sie die Würfel vorsichtig aus der Topfpresse heraus in die Schale hinein und wiederholen Sie den Vorgang. Wenn die Würfel nicht halten oder unförmig sind, geben Sie sie in die Erde zurück und beginnen Sie von vorn. Es ist wichtig, dass die Würfel kompakt sind, damit sie halten und gleichzeitig befeuchtet sind.
- Lassen Sie beim Platzieren der nächsten Würfel in der Schale zwischen den Reihen etwas Platz, damit durch diese kleinen Bewässerungskanäle jeder Würfel von Wasser erreicht wird. Wässern Sie immer von unten direkt in der Schale – gießen Sie niemals von oben auf die Würfel, denn dann lösen sie sich auf und fallen auseinander.
- Füllen Sie eine kleine Schüssel mit Saatgut (die kleinsten Samen für die kleinen Würfel, wie Fingerhut, Königskerze, Ziertabak, Amarant, Löwenmaul). Mit der Spitze eines angefeuchteten Holzstäbchens nehmen Sie jetzt ein Samenkorn aus Ihrer Schüssel und drücken es vorsichtig in die Mitte des Erdwürfels. Mit einer dünnen Schicht Vermiculit bedecken und die Schale beschriften.
- Halten Sie die Erdwürfel gleichmäßig feucht, aber führen Sie nicht mehr Wasser zu, als sie aufnehmen können. Es ist schwierig, überschüssiges Wasser abzugießen. Wässern Sie also nur ein bisschen einige Male hintereinander und sorgen Sie dafür, dass die Bewässerungskanäle offen bleiben, damit das Wasser auch die Würfel in der Mitte erreicht.
- Mit einer Haube oder Plastikfolie abdecken, bis sich Keimlinge zeigen. Dann die Haube oder Folie entfernen und recyceln.
- Wachsen die Pflänzchen in den kleinen Würfeln zu schnell, bevor Sie sie auspflanzen können, topfen Sie sie um in etwas Größeres, damit sie gut mit Nährstoffen versorgt werden.

I ØKO
CORN PARSLEY 40 1/4

ERSTE FRÜHLINGSBOTEN – TULPEN UND ZWEIGE MIT KNOSPEN

Inmitten all der Aussaatschalen und während der anspruchsvollen Frühjahrsarbeit hält der Frühling nun allmählich Einzug und bringt dem Blumenliebhaber die ersten Geschenke. Die Bäume schlagen mit weißen und gelben Blüten aus, und überall beginnt es zu sprießen. Der Frühling ist eine der schönsten Jahreszeiten, in denen die Lebewesen aus ihrem Winterschlaf erwachen. Es ist der Startschuss für alle Blumenfreundinnen und -freunde, die nach dem langen grauen Winter ohne frische Blumen die neue Saison kaum mehr erwarten können.

Die ersten Bio-Freilandsträuße werden normalerweise im April und Mai gepflückt. Darunter sind auch die Tulpen. Man kann sie ernten und mitsamt ihren Zwiebeln kühl stellen. Dies verhindert, dass sie alle auf einmal aufblühen, was ihre Haltbarkeit verkürzt. Ohne Wasser lassen sie sich einige Wochen lang kühl lagern – auf diese Weise gelingt es Ihnen, die Tulpensaison erheblich zu verlängern.

Die Tulpen werden geschnitten und zu Blumensträußen gebunden, sobald man die Farbe nur erahnt, die erblühen wird. Dies soll die Lebensdauer in der Vase verlängern. Tulpen benötigen kaltes Wasser in der Vase. Sie können bis zu fünf Zentimeter länger werden, wenn sie zum ersten Mal Wasser ansaugen. Das sollten Sie beim Zusammenstellen eines Straußes berücksichtigen.

Im Biogarten können Sie die Tulpen durch Pflanzenteile ergänzen, die Sie auf einem Spaziergang entdecken. Es lohnt sich, Zweige mit knospenden Blüten und kleinen grünen Blättern zu schneiden. Die Frühlingszweige treiben aus, wenn sie in die Wärme gebracht werden.

Die Zweige werden abgeschnitten und direkt am Stiel mit einem sauberen, scharfen

Messer oder einer Gartenschere eingeschnitten, damit sie besser Wasser ziehen können. Wird das Wasser regelmäßig gewechselt, kann man auf diese Weise den Frühling um einige Wochen nach vorn verlegen.

Die Tulpensaison kann vier bis sechs Wochen andauern, vorausgesetzt, Sie haben verschiedene Sorten, die zu unterschiedlichen Zeiten blühen. Außerdem sollten Sie, wie von mir empfohlen, früh ernten und die Tulpen kühl stellen.

Tipp

Zweige von Gewöhnlicher Traubenkirsche, Buche, Weide und Flieder sowie von Obstbäumen und Spiersträuchern halten sich gut in Blumensträußen, besonders wenn sie am Stielende eingeschnitten werden. Gibt man die Zweige in der ersten Stunde in heißes Wasser (43,5 °C), können sie später leichter Wasser ziehen. Stellen Sie sie noch einige Stunden kühl, bevor Sie sie zum Strauß arrangieren.

AUSPFLANZUNG UND PFLEGE

Wer viele verschiedene Blumen züchtet, sollte wissen, an welchem Standort sie am besten gedeihen. Hier kommt wieder der Gartenplan als wichtiger Faktor bei der Planung ins Spiel. Nachdem die Beete gejätet, Kompost zugeführt und der Boden verbessert wurde, falls er besonders sandig oder lehmig war, geht es an das Auspflanzen. Da die meisten Sommerblumen keinen Frost vertragen, sollten sie ab Mitte Mai oder später ausgepflanzt werden. Steht dann immer noch eine kalte Nacht mit Minusgraden bevor, empfehle ich dringend, die zarten Pflänzchen mit Vliesstoff abzudecken.

Ebenso ratsam ist es, die Pflanzen zu akklimatisieren, bevor sie draußen an ihren Standort gesetzt werden. Stellen Sie sie einige Wochen lang schrittweise für einige Stunden hinaus, um sie etwas abzuhärten, damit sie das Auspflanzen besser vertragen.

Ich kultiviere relativ viele Schnittblumen und beziehe mich in diesem Buch auf meine Produktion auf Mangholm in Beeten von der Größe 1 x 30 Meter. Für einen kleineren Garten gelten jedoch genau die gleichen Prinzipien wie für die, die ich hier in größerem Maßstab zeige. Lassen Sie sich also von den Beispielen nicht beirren, sondern passen Sie Ihre Bepflanzung an die Ihnen verfügbaren Bedingungen an.

Wenn Sie Blumen für Blumensträuße anbauen, rate ich Ihnen, ein und dieselbe Sorte eigens in einem dafür vorgesehenen Bereich des Gartens anzupflanzen. Ihr Beet kann 30 Zentimeter oder größer sein. Ich empfehle jedoch, mindestens drei oder fünf Pflanzen derselben Sorte zu haben, wenn Sie regelmäßig pflücken möchten. Die goldene Regel, stets eine ungerade Zahl an Blumen im Strauß zu verwenden, gilt auch für das Gartenbeet.

Falls Sie eher den abenteuerlichen, romantischen Look mögen, können Sie verschiedene Sorten im Beet miteinander mischen. Die Pflanzen müssen dann nicht in Reih und Glied stehen. Wenn Sie Ihr Blumenprojekt starten, sollten Sie weniger Sorten haben, dafür aber mehr Pflanzen von jeder Sorte. Auf Seite 100 sehen Sie einige Beispiele, wie ich Doldenblütler zwischen meine Dahlien gesetzt und Sonnenhut, Schmuckkörbchen und Fenchel daruntergemischt habe. Es sieht luftig und hübsch aus.

Je mehr Pflanzen Sie ausbringen, desto fülliger erscheinen die Beete. Überlegen Sie sich also, ob Sie die Blumen nach Sorten geordnet anpflanzen möchten, damit sie leichter zu überblicken sind, oder ob Ihnen „ganze Blumensträuße in einem Beet" lieber sind.

Da ich sowohl den Staudengarten, den ich als eine Art Erlebnisgarten betrachte, als auch den Produktionsgarten habe, in dem ich eine große Menge Schnittblumen produziere, pflanze ich auf zwei Arten aus. Im Staudengarten versuche ich, mit der Zusammenstellung verschiedener miteinander harmonierender Farben und Formen etwas Spannung zu erzeugen. Im Produktionsgarten wiederum sammle ich den gleichen Blumentyp an einem Standort an und sehe mehrere Meter für jede Sorte vor.

Meine Beete sind einen Meter breit, sodass man die Blumen von beiden Seiten aus erreichen kann. Die meisten Pflanzen sind in Reihen zu je vier Pflanzen angeordnet, also 16 Pflanzen pro Quadratmeter. Einige Pflanzen brauchen eine Stütze, damit sie nicht umkippen. Ich kaufe Pflanzennetze im Internet, die die Pflanzen stützen, wenn sie heranwachsen. So werden auch die Stiele gerader.

Im Produktionsgarten legen wir ein Unkrautvlies zwischen den Reihen aus, um Unkraut zu minimieren. Unbewachsene Stellen können auch für das Auge sehr angenehm sein. Das Vlies ist sehr wirksam, doch wenn Ihnen das Aussehen nicht gefällt, können Sie auch Stroh, Sand, Holzspäne oder Kies auf die Wege legen.

Um unsere Zeit im Produktionsgarten effizienter zu gestalten, bedecken wir auch einige Beete mit Vlies, das Löcher zum Durchwachsen der Pflanzen aufweist. Wir verbringen viel zu viele Stunden damit, das Unkraut zu entfernen, das die Nährstoffe aufnimmt, die eigentlich für unsere Blumen bestimmt sind. Um Zeit und Mühe zu sparen, werden wir in Zukunft zumindest in einigen Beeten versuchen, durch die Löcher zu pflanzen. Dies macht es im Herbst oder Frühling zwar etwas schwieriger, wenn die Beete erneut vorbereitet werden müssen, aber dafür ist nach Abzug des Vlieses fast kein Unkraut vorhanden.

Auf dem Bild ganz oben rechts sehen Sie ein Vlies, in das ich Löcher gebrannt habe, ohne eine Vorlage zu benutzen. Es ist ziemlich krumm geworden. Wenn die Pflanzen größer sind, sieht man das nicht mehr, aber zum Glück habe ich einen Handwerker unter den Freiwilligen. Er hat angeboten, eine Vorlage in einem Holzbrett anzufertigen, das wir zum Einbrennen der Löcher nutzen können. Für die meisten Pflanzen reichen 16 Löcher pro Quadratmeter. Es ist unvermeidlich, dass auch Unkraut aus den Löchern wächst, aber es ist etwas einfacher, nur aus den Löchern Unkraut zu entfernen als aus einem ganzen Beet. Hier im Bild sind Quecken auf dem Weg nach oben. Quecken müssen immer wieder gejätet werden. Ein kleiner Wurzelstumpf im Boden reicht aus, damit sie fröhlich weiterwachsen. Die Wurzelausläufer bilden neue Triebe, wo auch immer sie hingelangen können. Hier gilt es also, kampfeslustig zu sein. Quecken und Giersch sind ungebetene Gäste in einem Blumengarten. Sie stehlen Licht und Nährstoffe von den Pflanzen, die eigentlich dort wachsen sollen. Also weg mit ihnen.

2019 habe ich in ein Tropfbewässerungssystem für die meisten meiner Reihen investiert. Es war eine gute Entscheidung und spart viel Zeit ein, die ich ansonsten an einem Wasserschlauch hängend verbringen würde.

Schlauchregner können von Vorteil sein, da Sie andere Aufgaben erledigen können, während die durstigsten Pflanzen mit Wasser versorgt werden. Die Schläuche sollten jedoch vorzugsweise nicht bewegt werden, sobald sie platziert sind, da sonst die Gefahr besteht, die Pflanzen zu beschädigen. Nur der Gartenschlauch wird bewegt und an den Tropfschläuchen angeschlossen.

Ich wässere ca. 20 Minuten pro Standort, zwei- oder dreimal pro Woche in Trockenperioden. An den Pflanzen erkennt man meist, ob ihnen Wasser fehlt. Sie sehen dann müde aus und lassen die Köpfe hängen. Experimentieren Sie ein bisschen. Die Pflänzchen können einiges vertragen, brauchen aber natürlich die größtmögliche Aufmerksamkeit und Fürsorge, vor allem direkt nachdem sie ausgepflanzt wurden.

Wenn Sie Blumen im Garten züchten, sollte Ihr Gartenschlauch mit einer Düse ausgestattet sein, die weiche Wasserstrahlen erzeugt und sehr gut bewässert. Besonders in Trockenperioden und direkt nach dem Auspflanzen ist Bewässern sehr wichtig. Die Jungpflanzen sind ja schon seit der Zeit in Saatschalen Fürsorge gewohnt und sollten jetzt, da sie im Freiland gedeihen, nicht vernachlässigt werden. Es kann sehr stressig fur sie sein, wenn sie nicht umhegt werden, besonders bis sie gut angewachsen sind und den Strapazen der Natur standhalten können. Je nach Bodenbeschaffenheit ist es am Anfang in Ordnung, jeden zweiten Tag zu wässern, später reicht es dann an jedem dritten oder vierten Tag.

Fühlen Sie mit einem Finger im Boden, wie feucht er ist. Den Pflanzen geht es gut, wenn sie zwischen den Bewässerungen leicht antrocknen. Sie sollten nicht übermäßig mit Aufmerksamkeit verwöhnt werden. Achten Sie also auf eine schöne Balance.

Präriepflanzen wie Sonnenblumen, Disteln und einige Gräser können leichter auf Wasser verzichten als andere Blumenarten. Achten Sie auf die Befindlichkeiten Ihrer Pflanzen. Machen sie einen schlappen Eindruck, ist dies oft ein Zeichen dafür, dass ihnen etwas fehlt. Sind sie hungrig? Sind sie durstig? Haben sie Schädlinge? Wenn sie Anzeichen von gelben Blättern zeigen, die an den Rändern welken, ist es oft ein Nährstoffmangel. Wenn Blätter und Blütenköpfe müde aussehen, ist es ein Zeichen dafür, dass sie durstig sind.

Wässern Sie in der Früh oder spätabends, damit das Wasser auf einer sonnenerwärmten Bodenoberfläche nicht zu schnell verdunstet. Gießen Sie jede Pflanze im Beet einzeln und zählen Sie dabei langsam bis fünf. Wässern Sie lieber seltener und ausgiebig als häufig und oberflächlich. Und denken Sie daran, immer neben der Pflanze zu gießen – nicht die Pflanze zu übergießen –, um sie vor unnötigem Unbehagen zu bewahren.

Tipp

Wenn Sie ein mit Quecken oder Giersch übersätes Stück Land haben, können Sie es ein Jahr lang mit Unkrautvlies, schwarzer Plastikfolie oder Pappe bedecken. Die Dunkelheit verhindert das Aufkommen neuer Unkräuter, und die vorhandenen Unkräuter verschwinden langsam. Ich habe es noch nicht selbst ausprobiert, aber es sollte funktionieren.

Achtung! Erin Benzakein, die Gründerin von Floret Flowers und weise Blumenflüsterin, sagt, dass Dahlien nicht in den Löchern von Unkrautvlies gedeihen, da der Boden an den Knollen nicht zu warm werden sollte. Also folge ich ihrem Rat.

WIE SICH DER GARTEN IN EINER SAISON ENTWICKELT

Wenn man sich auf den Anbau von Sommerblumen einlässt, kommt eine Zeit, in der alles sehr langsam abläuft. Es scheint fast so, als ob nichts wirklich passiert und alles zum Stillstand gekommen ist. Aber wenn Sie zum Beispiel an einem Wochenende wegfahren oder einen Kurzurlaub machen – Sie haben natürlich vorher jemanden mit dem Bewässern der Pflanzen beauftragt –, werden Sie bei Ihrer Rückkehr überrascht sein, dass die Pflanzen in der Zwischenzeit doch ganz schön kräftig gewachsen sind.

Plötzlich ist es Juli geworden, und Sie können endlich mit dem Blumenpflücken beginnen – kein Ende in Sicht, bis der Frost kommt.

Es wäre gut, wenn Sie ein kleines Staudenbeet anlegen würden, um daraus ein paar Blüten abzupflücken, ergänzt durch das, was Sie in der Natur finden. Einige Stauden blühen nämlich früher als Ihre Sommerblumen, da sie sich bereits gut an ihrem Standort verwurzelt haben. Ab der Auspflanzung im Mai und bis in den Juli hinein kann es eine Zeit geben, in der es im Garten noch nicht viel zu holen gibt. An diesem Punkt können die Stauden Ihre Rettung sein.

Gönnen Sie sich in diesen Wochen also ruhig eine Pause und nehmen Sie die Geräusche und Gerüche eines Gartentages bewusst wahr. Atmen Sie tief in den Bauch hinein und spüren Sie das Wohlgefühl in Ihrem Körper.

Geduld ist eine Tugend beim Gartenbau. Auf der rechten Seite sehen Sie den Garten mit den Einjährigen ab Mai, kurz nach der Auspflanzung, bis Juni und Juli, wenn allmählich etwas passiert. Die Hochsaison fällt in die Monate Juli, August und September, wenn der Blumengarten überquillt an Pflückmaterialien für die schönsten Blumensträuße.

SOMMER

JUNI, JULI, AUGUST UND SEPTEMBER

Endlich ist der Sommer da und die heiß ersehnte Zeit, um viele bunte Blumen in den Biofeldern zu pflücken. Es gibt eine Palette wunderschöner Farben in den Beeten – jetzt geht es also los, und wir können endlich duftende, nachhaltige und lokal produzierte Sträuße in die Vasen stellen.

Im Sommer scheint plötzlich alles gleichzeitig zu blühen. Und man wundert sich immer wieder, dass die kargen und braunen Felder innerhalb so kurzer Zeit so überbordend bunt geworden sind.

Was für ein herrlicher Tagesausklang, in der Abenddämmerung im Garten spazieren zu gehen und die Schönheit zu betrachten, die um einen herum regelrecht explodiert – und natürlich massenweise Blumen für wunderschöne Sträuße zu pflücken!

SCHÄDLINGE IM GARTEN

Jetzt ist auch ein guter Zeitpunkt, um auf Schneckenjagd zu gehen und die unerwünschten Nacktschnecken abzuwehren. Ebenso sollten Sie Ihre Pflanzen auf andere Schädlinge kontrollieren, aber versuchen Sie, diese auf ökologische Weise zu bekämpfen. Wenn Sie Ameisen auf der Terrasse haben, streuen Sie einfach Zimt aus, und sie verschwinden. Bei Blattläusen hilft Abspritzen mit kaltem Wasser.

Meiner Ansicht nach haben Nacktschnecken keinen Nutzeffekt – sie müssen in meinem Blumengarten ihr Leben lassen. Die Weichtiere verhalten sich invasiv und brauchen keinen Partner zur Paarung, um Eier legen zu können. Ich strebe deshalb danach, große Kolonien zu vermeiden und sie zu vernichten. Man könnte auch in Betracht ziehen, eine Laufente zu erwerben. Die würde diese schleimigen Blumenliebhaber und ihre Eier mit Vorliebe vertilgen.

Wenn Schädlinge in Ihrem Garten überhandnehmen, erkundigen Sie sich am besten, welche Nützlinge Sie bei deren Bekämpfung unterstützen. Entscheiden Sie sich in erster Linie für biologische Maßnahmen.

Ich baue Kohl an, und jedes Jahr finde ich Schmetterlingsraupen in einigen der Pflanzen. Aber ich gönne ihnen wohlwollend etwas von meinem Essen, weil ich gern Schmetterlinge im Garten habe. Also belasse ich die Raupen im Kohl. Mein Rat: Setzen Sie Prioritäten. Man kann mit den unglaublichsten Dingen auskommen. Außerdem ist das Prinzip, dass man im Einklang mit der Natur lebt und nicht gegen sie, das Kernziel des ökologischen Landbaus.

Das bedeutet aber auch, dass Wühlmäuse schwierige Partner sein können und Sie die Ernte mit ihnen teilen müssen. In einem ökologischen Betrieb dürfen sie weder mit Gift noch mit Gas bekämpft werden, sondern ausschließlich mit Fallen. Für mich sind Wühlmäuse die potenziell größte Bedrohung für ein glückliches, sorgloses Blumenzüchterleben.

Tipp von Jens Juhl gegen Blattläuse

Blattläuse stellen nahrhaftes Futter für einige wichtige Lebewesen dar. Viele Vögel fressen sie, andere natürliche Feinde sind Marienkäfer, Schwebfliegen und manche Laufkäfer. Blattläuse sollten also eingedämmt, aber nicht vollständig bekämpft werden. Wir beugen Blattläusen durch eine sogenannte Mischkultur vor und bauen Blumen an, die nützliche Insekten wie Marienkäfer und Schwebfliegen anziehen. Besonders die Schwebfliege wird hauptsächlich von Tageten und Phazelien, aber auch von Sommerastern, Lavendel und anderen Blumen angelockt. Sie lebt zwar vegetarisch und ernährt sich von Blumennektar, legt jedoch ihre Eier in Blattlauskolonien ab. Die Larven der Schwebfliege sind keine Vegetarier – sie fressen Blattläuse zu Hunderten, sowohl Eier als auch ausgewachsene Exemplare. Ebenso vertilgen auch Marienkäfer die Blattläuse. Ihre Eier legen die Käfer gern auf Brennnesseln ab.

Indem wir auf diese Weise vorsorgen, werden wir sehr selten von Blattläusen belästigt, obwohl sie bis zu einem gewissen Grad vorhanden sind. Nur wenn der Befall überhandnimmt, greifen wir auf Bekämpfungsmaßnahmen wie kaltes Wasser zurück. Auch Brennnesseln eignen sich als Mittel gegen Blattläuse: Frische Brennnesseln 24 Stunden lang in kaltes Wasser legen. Dann absieben und verdünnt im Verhältnis 1 : 10 direkt auf die Blattläuse sprühen. Die Methode ist umstritten, weil das Ergebnis mit kaltem Wasser genauso gut ist. Ich habe es nicht selbst ausprobiert, aber einige behaupten, dass es präventiv funktioniert.

REICHHALTIGE BLUMENERNTE

Pflücken Sie die Blumen am besten entweder frühmorgens oder spätabends, da sie zu diesem Zeitpunkt am saftigsten sind. Nehmen Sie bei der Runde durch den Garten einen Eimer mit etwas kaltem Wasser mit, so halten sich die Blumen am besten frisch. Schneiden Sie sie etwas länger ab als sie später im Strauß sein sollen, damit Sie die Stiele noch kürzen können – ich empfehle eine Stiellänge von mindestens 30 Zentimetern aufwärts.

Ich finde es schön, wenn einige Blumen länger sind und ein bisschen über die anderen hinausragen. Überlegen Sie also gleich schon bei der Auswahl, welche Sorten dies sein könnten. Pflücken Sie die Blumen kurz vor oder nach dem Aufblühen, denn dann halten sie sich am längsten im Strauß.

Dies gilt jedoch nicht für Dahlien. Sie öffnen sich nicht in der Vase, wenn die Knospen noch geschlossen sind. Pflücken Sie sie daher, wenn sie ca. zu drei Vierteln erblüht sind und noch keine Blätter hinten aufweisen, die bereits braun werden.

Lassen Sie die Blumen im Schatten an einem kühlen Ort ruhen und Wasser ziehen – vorzugsweise einige Stunden oder länger, bevor Sie Blumensträuße daraus herstellen. Ich benutze keine Frischhaltemittel, wechsle aber täglich das Wasser in der Blumenvase. Verwenden Sie immer saubere Werkzeuge und einen vollständig sauberen Eimer mit Leitungswasser. Eine gute Hygiene ist bei Bioblumen sehr wichtig, da wir keinerlei chemische Konservierungsmittel verwenden.

DIE HALTBARKEIT VON SCHNITTBLUMEN

Grundsätzlich mögen die meisten Blumen kaltes Wasser. Es gibt jedoch Ausnahmen, die Sie kennen sollten. Blumen mit harten Stielen, wie zum Beispiel Pfingstrosen, Flieder oder Rosen, bevorzugen warmes Wasser. Diese Arten sollten Sie mit einem schrägen, länglichen Schnitt anschneiden oder den Stiel der Länge nach etwas einschneiden, damit sie besser Wasser ziehen können.

Einige Stiele stehen dennoch sehr gern in heißem Wasser, und wenn die Blumen einen schlaffen Eindruck auf Sie machen, probieren Sie es einmal mit diesem Trick. Schneiden Sie sie zuerst mit einem sauberen, schrägen Schnitt frisch an. Diese Maßnahme kann bei Sonnenblumen, Schafgarben und Rosen helfen. Blumen, die niemals in warmes Wasser gestellt werden wollen, sind alle Zwiebelpflanzen.

Tipp

Je nach Sorte und Behandlung zu Hause in den Wohnräumen sind ökologisch gezogene Schnittblumen zwischen fünf und 14 Tagen haltbar. Nur falls sie in der prallen Sonne auf ein warmes Fensterbrett gestellt werden, halten sie nicht lange. Wenn das Wasser nie gewechselt wird und sich Bakterienkulturen im Blumenwasser entwickeln können, trägt dies auch zu einer Verkürzung der Haltbarkeit bei. Die Behandlung der Blumen nach dem Kauf oder dem Pflücken spielt also eine sehr große Rolle, wie lange Sie sich an der Pracht erfreuen können.

Reinigen Sie die Vase: Einen Teelöffel Backpulver mit weißem Bioessig vermischen und die Vase innen damit abschrubben, um alte Bakterienbeläge zu entfernen. Gut ausspülen, bevor Sie Blumen in die Vase stellen. Ich empfehle, das Wasser in der Vase jeden Tag zu wechseln, die Blumen einmal zwischendurch mit einem schrägen Schnitt neu anzuschneiden und den Strauß möglichst nachts kühl zu stellen. Die Blumen lieben es auf jeden Fall, bei sommerlicher Hitze täglich mit kaltem Wasser besprüht zu werden, da sie wie wir Menschen auch dehydrieren können.

Wichtig ist auch, dass in der Vase niemals Blätter mit dem Wasser in Berührung kommen. Sie verrotten und verströmen dann einen unangenehmen Geruch.

Die Blumen dürfen auch nicht in der Nähe von reifen Früchten, insbesondere Kiwi, Mango, Banane und Apfel, stehen. Der Grund: Obst sondert das Reifegas Ethylen ab, das dafür sorgt, dass anderes Obst im unmittelbaren Umkreis schneller reift. Auch der Reifungsprozess der Blumen wird durch Ethylen beschleunigt und beeinträchtigt so ihre Haltbarkeit.

WORKSHOPS IM SOMMER

Im Sommer, wenn der Garten vor Blumen nur so strotzt, freue ich mich immer sehr, die Gartenfreuden zu teilen. Daher lade ich zum Selberpflücken und zu Workshops im Blumenbinden ein. Selten bekommt man die Möglichkeit, mit Schere und Eimer auf einem üppigen Blumenfeld herumzulaufen und nach Herzenslust Zutaten für den Blumenstrauß des Tages auszuwählen. Es ist so interessant zu sehen, wie jeder Einzelne seine Freude darüber zum Ausdruck bringt, Blumen pflücken zu dürfen.

Es gibt nie zwei vollkommen identische Sträuße, obwohl alle Pflücker Zugang zu genau demselben Sortiment haben. Einige Kursteilnehmende kommen die ganze Saison über immer wieder, weil sie es lieben, selbst Blumen zu pflücken und Sträuße zu binden – so wie ich. Zwischen den Blumen herumzulaufen und mit allen Sinnen zu genießen, hat eine berauschende Wirkung und ist völlig einzigartig – viele Besucherinnen und Besucher haben mir schon glaubhaft versichert, dass ihnen dieses Erlebnis große innere Ruhe schenkt.

Die Öffnung des Gartens im August und September, wenn er in voller Blüte steht, wird stets schon ungeduldig erwartet. Allerdings öffnen wir nur zu ausgewählten, angekündigten Zeiten, da die tägliche Produktion erledigt werden muss und wir sehr beschäftigt sind.

Der Gedanke hinter der Idee, den Garten zu bestimmten Zeiten zu öffnen und Interessenten einen Einblick in den ökologischen Blumenanbau zu ermöglichen, besteht darin, mehr Menschen dazu zu animieren, ihre eigenen Blumen so umweltfreundlich wie möglich anzubauen. Ökologischer Landbau ist für die biologische Vielfalt und all die Insekten, die den ganzen Sommer über Nahrung suchen, immens wichtig, und wir alle sollten unser Möglichstes tun, um ihnen ihren Lebensraum zu erhalten.

Es ist einfach wunderbar, diese gute und wichtige Botschaft vermitteln zu können und andere Menschen dazu zu inspirieren, in all den unzähligen Gärten noch viel mehr Blumen anzupflanzen und den Insekten noch mehr wertvolle Nahrungsquellen darzubieten.

SPÄTSOMMER – ZEIT ZUM AUSPFLANZEN DER STAUDEN

Wenn Sie im Frühjahr Stauden gesät haben, die in einem Topf herangewachsen sind, ist es im Spätsommer an der Zeit, sie in die Gartenbeete umzusetzen. Pflanzen Sie sie in Gruppen zusammen, vorzugsweise zu ungeraden Zahlen, und wässern Sie sie gut an ihrem neuen Standort im Beet. Sie werden höchstwahrscheinlich im nächsten Sommer blühen.

Auf Mangholm betreibe ich auch eine kleine Gärtnerei, in der viele junge Pflanzen – insbesondere durch Aussaat vermehrte Stauden – darauf warten, in die Gartenbeete umgesetzt zu werden. Für die nächste Saison habe ich mir vorgenommen, das System weiter auszubauen und anzufangen, meine ökologisch gezogenen Jungpflanzen zu verkaufen. Das sind dann sowohl Stauden als auch Sommerblumen, und ich werde sie an einem zweiten Straßenstand, der Mangholm Havekiosk heißen wird, anbieten.

HERBST

OKTOBER UND NOVEMBER

DAHLIENKNOLLEN RAUS – TULPENZWIEBELN REIN

Im Herbst, vor dem ersten Nachtfrost, wartet eine weitere anspruchsvolle Aufgabe auf Sie, denn es muss einige Vorarbeit geleistet werden, um danach richtig loslegen zu können. Vor allem, wenn man wie ich 800 Dahlienknollen gesteckt hat, die nun im Herst herausgenommen und trocken gelegt werden müssen, bevor sie in ihr Winterlager verfrachtet werden können.

Selbst wenn Sie mit einem kleinen Sortiment beginnen, müssen alle Dahlienknollen ausgegraben werden. Aber es kann sich lohnen, diese Arbeit auf sich zu nehmen und die Knollen über den Winter einzulagern. Im nächsten Jahr können daraus viele Pflanzen werden, die Sie verschenken oder tauschen können. Vielleicht mag Ihnen jemand unter die Arme greifen? Es kann tatsächlich von Vorteil sein, sich mit jemandem zusammenzuschließen. Sie können sich gegenseitig im Garten helfen und Knollen miteinander teilen und tauschen.

Dahlien tragen bei mir im August und September zu einem Großteil der bunten Blütenpracht in den Blumensträußen bei, wenn die Sommerblumen schon allmählich weniger werden. Ja, ich möchte fast sagen, dass ich

Inzell

völlig besessen von Dahlien bin. In Kapitel 6 widme ich ihnen sogar extraviel Platz und erzähle Ihnen alles, was ich über diese wunderschönen Blumen weiß.

Im ökologischen Blumengarten ist die Hilfe von Freiwilligen für die Dahlienarbeit unverzichtbar. Mit der Unterstützung von fünf oder sechs Personen lässt sich die Arbeit in vier bis fünf Stunden erledigen. Und am Ende des Tages fühle ich mich richtig wohl in meinem Körper, und das Abendessen schmeckt so gut wie noch nie. Denken Sie immer daran, dass Gartenarbeit keinen Stress verursachen, sondern ebendiesen abbauen sollte.

Auf die Dahlienarbeit folgt eine weitere wichtige Aufgabe, nämlich das Einpflanzen der Tulpenzwiebeln. Hierbei muss der Boden bis zu einer Tiefe von ca. 20 Zentimetern aufgegraben werden, um viele Zwiebeln für die Blumensträuße im nächsten Frühjahr nebeneinanderzusetzen. Am Schluss alles wieder gut mit Erde bedecken – das geht überraschend schnell.

Die Pflanztiefe beträgt etwa die doppelte Höhe der Zwiebeln, also ungefähr zehn Zentimeter. Wir haben uns dabei für eine sehr dichte Anordnung entschieden und folgen der Empfehlung, die Zwiebeln wie „Eier in einen Eierkarton" zu legen. Das funktioniert hervorragend. Die Zwiebeln fühlen sich wohl, stützen sich gegenseitig und entwickeln lange Stiele, die sich sehr gut schneiden lassen. Ebenso lassen sie sich später wieder sehr leicht ausgraben.

Da wir die Blumen für Sträuße abschneiden, kann die Zwiebel nicht mehr verwendet werden, weil sie mit vorhandenen Blättern verdorren muss. Also graben wir die ganze Pflanze aus, schneiden sie bis zur Zwiebel ab und ernten die letzten langstieligen Tulpen. Die Zwiebeln werfen wir auf den Kompost – und zwar guten Gewissens, da sie ökologisch sind.

Ist das nicht der Fall, rate ich von einer Entsorgung auf dem Kompost ab, und ich erkläre Ihnen auch gern, warum. Die von uns verwendeten Tulpenzwiebeln sind zu 100 Prozent ökologisch gezogen. Wir kaufen sie in den Niederlanden von einem ökologischen Zwiebelproduzenten. Ökologische Tulpenzwiebeln werden nicht mit Fungiziden behandelt, wie es bei den meisten herkömmlichen Tulpenzwiebeln der Fall ist. Die Forschung zeigt, dass die pilzabtötenden Mittel bei Tulpenzwiebeln, die wir anfassen und in den Garten setzen und die leicht in den Kompost gelangen können, dazu beitragen können, dass manche Menschen Resistenzen gegen die Behandlung bestimmter Lungenerkrankungen entwickeln, die durch Pilzinfektionen verursacht werden.[7]

Daher wird der Kauf ökologischer Tulpenzwiebeln dringend empfohlen. Sie sind zwar teurer und in deutlich weniger Variationen erhältlich, dafür aber sind sie für Mensch und Umwelt erheblich besser.

Ich habe mich kürzlich von Blumenbauern außerhalb Dänemarks inspirieren lassen, die Tulpen in Kisten mit Löchern anbauen. Das würde den Rücken weniger belasten und die Zwiebeln würden leichter zu ernten sein, deshalb werde ich das nächstes Jahr auch einmal versuchen.

Selbst aussäende Phazelien kommen übrigens auch mit in den Boden, wenn wir die Zwiebeln mit Erde bedecken – sie wirken als Nährstoffpaket, wenn sie verrotten.

[7] *https://www.altinget.dk/foedevarer/artikel/phd-studerende-hollandske-tulipaner-oeger-risikoen-for-resistente-svampe*

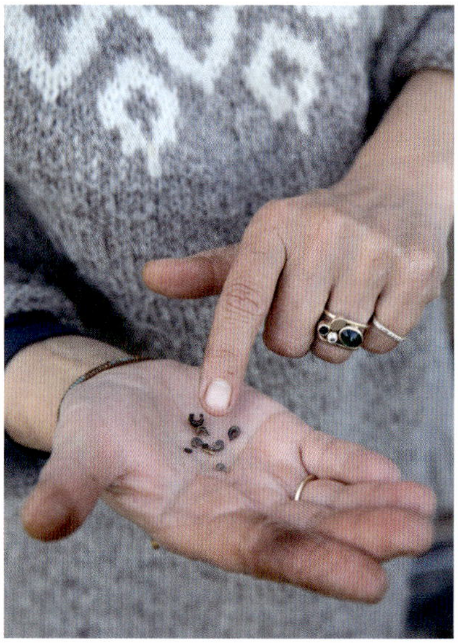

Gulorange
Mini tagetes
'19
Koriander
19

Hvid
Consolida
'19

SAMMELN SIE IHR EIGENES SAATGUT

Beim Anbau von Blumen geht es natürlich auch darum, Saatgut zu sammeln. Sie können viel Geld sparen, wenn Sie die Blumen selbst säen, und noch mehr Geld, wenn Sie Ihr eigenes Saatgut sammeln. Hunderte neuer Pflanzen können Ihnen gehören, wenn sich Ihre Blumen durch Selbstaussaat vermehren oder Sie die Blumensamen ernten.

Beim Saatgutsammeln gilt es allerdings zu bedenken, dass es Blumen gibt, die leicht kreuzbestäubt werden können, nachdem Bienen die Blüten besucht haben. Die Folge davon ist, dass die neuen Pflanzen nicht immer genauso aussehen werden wie die Mutterpflanze. Aber es macht trotzdem Spaß, die Samen der eigenen Blumen zu sammeln.

Ich habe schon zahlreiche Bücher über Aussaat gelesen, mit vielen Garten- und Blumenliebhabern gesprochen und richtig viel von anderen oder durch Ausprobieren gelernt. Im Staudengarten auf Mangholm habe ich einen großen Teil der Pflanzen selbst gesät, und im 1500 Quadratmeter großen Produktionsgarten, der fast ausschließlich mit Sommerblumen bestückt ist, ziehen wir alle Pflanzen aus Saatgut. Diese Aufgabe erfüllt mich sowohl physisch als auch psychisch – sie erfordert viel Aufmerksamkeit, man muss pflegen und wässern, pikieren und auspflanzen, aber meiner Ansicht nach lohnt es sich, wenn die jungen Pflänzchen schließlich zu keimen beginnen.

Es gibt viele Blumen, die sich sehr gut zum Ernten von Samen eignen und wie die Mutterblume aussehen. Dazu zählen beispielsweise Tageten, Ringelblumen und Wicken.

Bei anderen dagegen weiß man nie genau, wie die Blüten aussehen werden. Das ist der Fall, wenn man mehrere Sorten derselben Art hat, die möglicherweise von Bienen bestäubt wurden, die Pollen von benachbarten Pflanzen übertragen haben. Dies kann bei Dahlien, Schmuckkörbchen und Zinnien passieren.

Ich ernte die Samen der meisten Blumen, wenn der Samenstand braun und trocken ist. Entweder stelle ich die Samenstände zunächst zu Hause für etwa eine Woche in einer Schüssel auf die Fensterbank oder ich hänge sie zum Trocknen auf, wenn es große Zweige sind. Wenn sich auf den Samenständen kleine Samenkörner befinden, hänge ich sie kopfüber in einer Papiertüte auf, damit sie sich in der Tüte sammeln, sobald der Samen abfällt (zum Beispiel Mohn). Beschriften Sie die Tütchen am besten immer vorher, damit Sie später wissen, welche Samen Sie gesammelt haben. Es ist ärgerlich, wenn man es vergisst.

Stellen Sie außerdem sicher, dass das Saatgut vollständig trocken ist, bevor Sie es zwischen den Fingern zerreiben und von unnötigen Blütenständen befreien. Bei manchen Sorten erfordert es ein wenig Übung, herauszufinden, wo eigentlich der Samen sitzt und wie man an ihn herankommt. Schauen Sie ganz genau hin, dann können Sie erkennen, was Samen ist und was nicht. Ich benutze oft ein Sieb, manchmal auch mehrere mit unterschiedlich großen Löchern. Ich siebe die Samen immer und immer wieder und blase sanft in die Schüssel hinein. Dann fliegt der unnötige Flaum oft weg.

Sobald ich fertig gesiebt und alles Unnötige weggeblasen habe, fülle ich die Samen in Kaffeefilter oder kleine Samentütchen, die ich aus Butterbrotpapier selbst herstelle. Ich bewahre die unterschiedlichsten Samen in einer geschlossenen Kiste unter meinem Bett auf – wie einen Schatz. Am wichtigsten ist, das Saatgut nicht zu warm zu lagern. Wenn Sie also eine Fußbodenheizung haben, suchen Sie lieber einen anderen Ort. Manche sind der Meinung, die Samen sollten kühl gelagert werden. Ich habe jedoch die Erfahrung gemacht, dass die Samen ihre Keimfähigkeit nicht wesentlich verlieren, wenn sie bei normaler Raumtemperatur aufbewahrt werden.

SAMMELN IM WALD FÜR KRÄNZE UND DEKO

Wenn im Herbst die schweren Gartenarbeiten mit dem Ausgraben von Knollen und dem Stecken von Zwiebeln vorbei sind, denke ich an Kränze und schöne Deko. Inzwischen gibt es keine frischen Blumen mehr zu ernten, und so kann das Binden von Kränzen eine wunderbare Beschäftigung in diesen Monaten sein. Es ist nicht immer der erste Kranz, der am schönsten ist, aber wie heißt es so treffend: Übung macht den Meister. Und das gilt auch hier in besonderem Maße. Sobald Sie ein paar Kränze gestaltet haben, werden Sie sehen, wie gut Ihnen die Arbeit von der Hand geht. In Kapitel 7 erkläre ich Ihnen Schritt für Schritt, wie Sie Kränze ganz leicht selbst binden können.

Der goldene Herbst ruft definitiv zu einem Waldspaziergang auf. Nehmen Sie einen Korb mit und sammeln Sie feine Zweige mit Moos, Zapfen oder andere interessante Dinge, die Sie für Herbst- und Weihnachtskränze sowie schöne Dekorationsobjekte verarbeiten können. Ich lege meine Funde zum Trocknen an eine Stelle im Haus, an der viel Platz ist und an der sie die anderen Familienmitglieder nicht weiter stören. Ich versuche zwar ständig, mich zu Hause weniger auszubreiten, aber das ist bei meinen immer größer werdenden Projekten eine stattliche Herausforderung. Zum Glück wurde mein Gartenchaos bislang von meiner Familie immer toleriert.

Wenn man draußen im Freien auf Sammeltour geht, muss man stets an das Beste für die Natur denken: also sorgfältig auswählen, Abfall vermeiden und nur das mit nach Hause nehmen, was man auch wirklich verwendet. Passen Sie auf die Bäume und Pflanzen auf, von denen Sie ernten. Brechen Sie keine Äste von Bäumen, ziehen Sie keine Wurzeln von Kräutern und Pflanzen heraus, sondern schneiden Sie die Pflanze ab. Nehmen Sie auch niemals die letzte Pflanze von einem Standort, denn dann werden die Pflanzen nicht wieder auftauchen, und es wird im nächsten Jahr und auch für die Sammler, die nach Ihnen kommen, keine Ernte mehr geben.

Blumen, Kräuter und anderes Pflanzenmaterial dürfen allerdings nur für den Eigengebrauch mitgenommen werden. Dies regelt die im Bundesnaturschutzgesetz beschriebene „Handstrauß-Regel". Danach darf man Pflanzen in geringen Mengen entnehmen – grob gesagt etwa ein Kilogramm. Sich maßlos zu bedienen geht also nicht, ebenso wenig darf man das Entnommene verkaufen. Dafür benötigt man eine Genehmigung. Streng verboten ist das Pflücken in Naturschutzgebieten und natürlich das Entnehmen geschützter Blumen oder anderer Pflanzenteile. Sollten Sie Privatgelände betreten, so ist es selbstverständlich, dass Sie zuerst eine Genehmigung einholen müssen.

KAPITEL 5

PFLANZENFÜHRER

WELCHE BLUMEN BLÜHEN ZU WELCHER ZEIT?

Mit welchen Blumen lassen sich die ganze Sommersaison über wunderschöne Sträuße zusammenstellen?

In diesem Kapitel präsentiere ich Ihnen all die Pflanzen, die Sie erfahrungsgemäß mit großem Erfolg aussäen können, wenn Sie einen eigenen Blumengarten anlegen möchten: Dazu zählen etwa Sommerblumen, Stauden, Zweijährige (Bienne), grünes Blattwerk und Zwiebelpflanzen. Dahlien/Georginen werden im Kapitel 6 sehr ausführlich behandelt.

Nicht alle Arten auf meiner Liste sind durch Aussäen von Samen entstanden. Einige der Gewächse erhielt ich als Jungpflanzen von Baumschulen oder auf Pflanzentauschtagen.

Fühlen Sie sich bitte nicht dazu gedrängt, alle Gewächse gleich von Beginn an auszusäen oder anzupflanzen. Vielmehr sind meine Vorschläge eher als Inspirationsquelle gedacht: Wählen Sie einige Sorten, die Ihnen besonders gut gefallen, und probieren Sie sich dann in kleinerem Maßstab daran aus. So können Sie auch erst einmal testen, ob Sie am Blumenanbau wirklich Gefallen finden und sich von Herzen dafür begeistern können.

Im Folgenden stelle ich Ihnen für die Monate April bis November jeweils mehrere Blumen vor, die man erwartungsgemäß in unseren Breiten während der Blumensaison pflücken kann. Suchen Sie sich Ihre Lieblinge aus, beginnen Sie zunächst im Kleinen und erweitern Sie Ihren Anbau schrittweise – so gehe ich selbst seit vielen Jahren vor.

April
Ich schneide verschiedene Zweige von Bäumen wie Weide, Eiche, Traubenkirsche und Kirschpflaume, die ich mit den ersten Tulpen kombiniere. Narzissen und Rapsstängel sehen in einem Strauß ebenfalls wunderhübsch aus.

Mai
Im Mai stehen die Tulpen in voller Blüte. Ich kombiniere sie gern mit Flieder, Zierlauch, Grünkohlblüten, Hirtentäschel – eine wild wachsende Unkrautpflanze – und Spierstrauchzweigen.

Juni

Jetzt gibt es Stauden wie Berg-Flockenblume, Garten-Margerite, Mutterkraut, Lupine, Wollziest, Pfingstrose und Sterndolde sowie wilde Gräser und Roggen. Schleierkraut und Schwertlilie machen sich ebenfalls hervorragend in den Sträußen.

Das Bild rechts zeigt Klatschmohn und Kornblumen. Ich habe die Samen Ende März, Anfang April direkt auf meinem Feld ausgesät.

Im Eimer sind zu sehen: Witwenblume, Ranunkel, Stauden-Phlox, Sterndolde, Frauenmantel, Schafgarbe, Mutterkraut, Saat-Wucherblume, Lauch vor der Blüte, Gräser, Langblättriger Ehrenpreis, Wilde Möhre, Samenstand von Jungfer im Grünen und Nelke.

Juli

Der Juli schenkt uns weitere schöne Blumen, wie zum Beispiel die einjährige Anden-Lupine, in der Natur gepflückten Rainfarn, Strohblumen, Gräser, Anis-Ysop, Wilde Möhre, Studentenblume, Löwenmaul, Ziertabak, Eisenkraut, Schleierkraut, Blaue Rasselblume, Schafgarbe, Sumpf-Schafgarbe und Große Knorpelmöhre.

August

Im August strotzt der Blumengarten nur so vor Blüten. Hier sehen Sie Strohblume, Rote Gartenmelde, Amarant, Sonnenblume, Fontänengras, Ziertabak, Dahlie, Trommelstöckchen und einjährigen Rittersporn.

September

Im September ist die Hoch-Zeit der Dahlien. Zusammen mit Fenchel, Himbeerzweigen, Zinnie, Schmuckkörbchen, Amarant, Studentenblume, Eisenkraut, Fontänengras und in freier Natur gepflückter Goldrute sehen sie einfach umwerfend schön aus.

Der Strauß rechts enthält Gladiole, Prachtkerze, Rote Gartenmelde, Fenchel und Goldrute.

Oktober
Der Garten ist immer noch voll von Tagetes, Schmuckkörbchen, Dahlie, Amarant und Eisenkraut, die zuhauf gepflückt werden können.

Einjährige Monarda, einjähriger Salbei, Studentenblumen und viele andere Stauden stehen noch in voller Blüte. Der erste Frost lässt jedoch nicht mehr lange auf sich warten und das Blumenmeer verabschiedet sich für diese Saison.

Rechts oben, von links: *Oregano, einjährige Monarda, hellrotes und lila Purpurleinkraut, Kerzenknöterich, Katzenminze, Witwenblume, Anis-Ysop, Wiesenknopf, Gras und Gartensandrohr.*

Links unten, von links: *Große Fetthenne, Purpur-Sonnenhut, Staudensonnenblume, Schafgarbe und Kugeldistel.*

November/Dezember

Im Lauf des Sommers pflücke ich zum Trocknen geeignete Blumen, damit ich im Herbst und Winter Materialien für Sträuße und Kränze zur Verfügung habe.

Der Trockenstrauß oben besteht aus Farnen, Mexikanischem Federgras, Schleierkraut, Strandflieder und Samenständen von Jungfer im Grünen. Diese Blumen eignen sich auch zum Binden von Kränzen. Trockenblumen sind brüchig und können leicht abbrechen. Nehmen Sie dann einfach eine neue und fahren Sie mit Ihrer Kreation fort.

Sie können auch immergrüne Pflanzen mit getrockneten Blumen kombinieren wie im grünen Kranz ganz links. Er umfasst Eibe, Thuja, Efeu, frisch gepflückte Hortensie, Sukkulenten, Zapfen, schwarze Ligusterbeeren, Moos, Heidekraut, Wacholder (die bläuliche Konifere) sowie Samenstände von Jungfer im Grünen.

Der getrocknete Kranz rechts enthält Strandflieder, Jungfer im Grünen, Samtgras, Schleierkraut, Fontänengras, Hortensie, Moos und Samenstände der Goldrute. Pflanzen Sie einige dieser Arten an, wenn Sie getrocknete Elemente für den Winter möchten. In Kapitel 7 finden Sie eine Anleitung zum Binden von Kränzen.

Der Strauß besteht aus Rotem Fingerhut, Lupine, Lauch vor der Blüte, Schwertlilie, Rainfarn-Phazelie, Grünkohlblüten, Garten-Margerite, wildem Kerbel und Gräsern.

MEIN PERSÖNLICHER PFLANZENFÜHRER

Da es unzählige schöne Sommerblumen gibt, ist es gar nicht so leicht, eine begrenzte Auswahl zu treffen. Ich habe bereits mit vielen verschiedenen Sorten experimentiert und möchte Ihnen im Folgenden die Blumen empfehlen, die relativ einfach zu säen sind. Sie liefern einen reichen Ertrag, blühen lange und schenken Ihnen garantiert schöne, haltbare Bestandteile für Ihre Sträuße. Das Internet ist ebenfalls voller Inspirationen und Anleitungen, sodass Sie nie allein auf sich gestellt sind, sondern sicherlich viele wunderbare Ideen finden.

Bei der Auswahl von Blumen bedenke ich stets die Faktoren, die ich oben erwähnt habe. Aber gleich danach mache ich mir Gedanken über Farben und Formen, denn ich möchte natürlich Blumen anbauen, die gut zueinander passen. Persönlich finde ich einen Strauß spannend und aufregend, wenn er unterschiedliche Elemente und Formen enthält.

Die Bilder der einzelnen Monate am Anfang des Kapitels zeigen Ihnen, welche Blumen zu den verschiedenen Zeiten im Sommer blühen. Wenn Sie bei der Vorkultur entsprechend planen, sorgen Sie so für eine gestaffelte Blütezeit. All diese vielen verschiedenen Blumen auszusäen mag Sie vielleicht am Anfang überfordern. Wählen Sie lieber einige davon aus und kombinieren Sie sie gegebenenfalls mit dem, was Sie bereits an Stauden in Ihrem Garten haben.

Von links: *Schafgarbe, Strandflieder 'Rats Tail', Studentenblume, Schafgarbe, Goldmelisse, Schafgarbe, Strandflieder, Löwenmaul, Wilde Möhre 'Dara', weißes Schmuckkörbchen und Kolbenhirse.*

Der Strauß besteht aus Dahlie, Zinnie, Katzenminze, Skabiose, Prachtkerze, Fontänengras, Rittersporn, Langblättrigem Ehrenpreis, Großer Knorpelmöhre, Fenchel und Schafgarbe.

SOMMERBLUMEN

Unter einer Sommerblume versteht man eine Art oder Sorte, die eine Saison lang blüht und dann vergeht – im Gegensatz zu Stauden, die dem kalten Winter standhalten und im folgenden Jahr nach dem Abschneiden der verwelkten Blätter erneut austreiben. Bestimmte Blumenarten werfen Samen ab, die im folgenden Jahr keimen. Wenn Sie die Blumen nicht dort haben möchten, wo sie sich selbst ausgesät haben, pflanzen Sie sie einfach an den Ort um, der Ihnen besser behagt.

Im Folgenden stelle ich Ihnen die Sommerblumen vor, die ich am meisten liebe und von denen ich weiß, dass sie ganz leicht und mit großem Erfolg ausgesät werden können. Mit diesen steht Ihnen Material für Blumensträuße vom zeitigen Frühjahr bis zum späten Herbst zur Verfügung – die ganze Saison über.

Rainfarn-Phazelie *(Phacelia tanacetifolia)*

Ich habe bereits zuvor im Kapitel über Ökologie und Bodenbedeckung über die Rainfarn-Phazelie berichtet. Diese unkomplizierte Art lieben die Bienen, und ich mag sie auch sehr. Die Rainfarn-Phazelie ist leicht als ökologisches Saatgut zu finden. Wenn sie mehrmals gestaffelt gesät wird, blüht sie den ganzen Sommer über. Sie eignet sich hervorragend für Blumensträuße und hält sehr gut in der Vase. Die Phazelie kann bei etwas empfindlicher Haut Juckreiz verursachen, tragen Sie daher besser Handschuhe. Streuen Sie die Samen großflächig direkt aus, harken und wässern Sie sie ein wenig. Die Samen keimen leicht und blühen lange.

Schmuckkörbchen ***(Cosmos bipinnatus)***

Das Schmuckkörbchen ist für mich ein reiner Sommernachtstraum. Die gewöhnlichen Schmuckkörbchen mit rosa und roten Blüten halten sich am besten in der Vase, aber ich kann einfach nicht anders, als auch die Sorten 'Cupcakes' und 'Double Click Bonbon' oder wie auch immer sie noch heißen mögen, anzubauen. Sie sind mit ihren kleinen Balletträcken einfach wundervoll anzusehen.

Das Schmuckkörbchen vermehrt sich durch Selbstaussaat im Garten, doch die Pflänzchen sind leicht zu erkennen und lassen sich gut umsetzen. Wenn Sie den oberen Trieb von den Jungpflanzen abklemmen, verzweigen sie sich. Schmuckkörbchen mögen Unterstützung, entweder in Form eines stabilen Stöckchens, an dem sie festgebunden werden, oder eines Netzes, durch das sie wachsen können, oder eines Zauns, an den sie sich stützen können. Sie werden manchmal so stark, dass sie ihr eigenes Gewicht nicht tragen können und die Seitentriebe abbrechen. Schneiden Sie sie einfach ab, die Pflanze blüht fröhlich weiter.

Im April säe ich die Sorten von Anfang an in Einzelzellen, im Mai pflanze ich sie dann nach dem letzten Nachtfrost aus. Dabei erfreue ich mich auch an all jenen Exemplaren, die sich im Garten durch Selbstaussaat verbreitet haben.

Schmuckkörbchen blühen umso länger den ganzen Sommer hindurch, je häufiger Sie sie pflücken und ihre Samenstände entfernen. Halten Sie sich mit dem Düngen jedoch zurück, sonst bilden sich nur wenige Blüten. Eine dünne Kompostschicht im zeitigen Frühjahr hat noch nie geschadet, aber belassen Sie es am besten dabei. Die Blumen sollten Sie nicht in voller Blüte, sondern kurz davor ernten, wenn die Knospen eher weich als hart sind. Dann halten sie länger in der Vase. Da die Samen nicht samenstabil sind und sich miteinander kreuzen, können sich neue Variationen ergeben.

Duftwicke, Duftende Platterbse (*Lathyrus odoratus*)

Duftwicken oder Duftende Platterbsen, wie sie auch heißen, riechen fantastisch, haben aber leider keine lange Lebensdauer in der Vase. Dennoch sind sie einen Anbau wert, denn sie duften so herrlich und sind einfach nur schön. Ich pflücke sie immer mit grünen Blättern – meiner Meinung nach sehen sie so am besten aus.

Duftwicken müssen oft geschnitten werden – je mehr Sie ernten, desto üppiger blühen sie. Ich spendiere meinen Pflanzen im Sommer einige Male eine dünne Schicht Kompost, ein wenig Lupinendünger und Wasser, in dem ich ein paar Hühnerpellets, frischen Hühner- oder Pferdemist aufgelöst und verdünnt habe. Das reicht normalerweise aus. Duftwicken können mehrere Monate lang blühen, wenn Sie sie gut pflegen, die Samenkapseln entfernen und oft pflücken.

Ich ziehe sie im Januar, Februar und März im Haus vor, um eine lange Blühzeit zu erzielen, und setze sie dann ins Freiland oder Gewächshaus. Alternativ kann man sie aber auch erst im Herbst aussäen und dann im folgenden zeitigen Frühjahr auspflanzen. Bei Frost sollten sie abgedeckt werden. Diese Methode werde ich in der kommenden Saison einmal versuchen.

Die Samen gehören in die Kategorie der winterharten Einjährigen, die ab April ausgepflanzt werden können, sofern sie bei Nachtfrost mit Vlies leicht abgedeckt werden.

Den Blütenkopf sollten Sie abknipsen, wenn der Stängel ca. zehn bis 15 Zentimeter lang ist, damit die Pflanze buschiger wird und mehr Blüten ausbildet. Zum Sommer hin sehen die Pflanzen nach der reichlichen Blüte oft etwas müde und schlapp aus. Jetzt dürfen sie sich entspannen und Samen für die nächste Saison bilden.

Tipp

Duftwicken sollten Sie im folgenden Jahr an einem anderen Standort pflanzen, um der Bodenermüdung vorzubeugen. Siehe auch *Tipp zur Fruchtfolge* auf Seite 70.

Ziertabak (*Nicotiana mutabilis*)

Ziertabak ist sehr speziell, ich habe eine Schwäche für diese Pflanze. Er blüht den ganzen Sommer über in vielen Farben, verleiht Blumensträußen eine besondere Note und ist sehr einfach zu säen. Manchmal verbreitet er sich durch Selbstaussaat, doch die Pflänzchen erkennt man leicht, und sie lassen sich ganz einfach umsetzen.

Ziertabak wird im März gesät. Da die Samen extrem klein sind, streue ich sie locker, wie Salz auf ein Ei, in ein kleines Kistchen mit ökologischer Aussaaterde. Die Samen sollten nicht mit Erde bedeckt werden. Wenn sie ein wenig gewachsen sind, pikiere ich sie büschelweise in andere Töpfe. Sind sie darin größer geworden, kann ich sie vorsichtig trennen und einzeln pikieren. Sie vertragen keinen Frost und dürfen erst ab Mitte Mai bis Juni ausgepflanzt werden, bei Nachtfrost sollten Sie die Jungpflanzen daher gut abdecken. Das gilt übrigens für die meisten Sommerblumen. Achten Sie daher bitte unbedingt auf die Angaben *winterhart* oder *nicht winterhart* auf dem Saatgutbeutel.

Wenn Sie die kleinen Topfpressen lieben oder sie, wie in Kapitel 4 beschrieben, ausprobieren wollen, nehmen Sie einen Zahnstocher oder ein Grillstäbchen und legen Sie die Samen einzeln in jeden kleinen Würfel.

Das Säen mit der Topfpresse ist schön entspannend und lässt sich ganz gemütlich drinnen am Wohnzimmertisch mit Musik und einer Tasse Tee bewerkstelligen. Sie sollten dabei das Gefühl genießen, alle Zeit der Welt zu haben. Der Vorteil besteht darin, dass die Würfel direkt in die Gartenbeete gepflanzt werden können und nicht erst umgetopft werden müssen.

Zinnie (*Zinnia elegans*)

Zinnien gehören ebenfalls zu meinen Favoriten. Sie kommen in so vielen verschiedenen Formen, Farben und Wuchshöhen vor, dass es fast unmöglich ist, nicht mindestens von einigen Sorten begeistert zu sein. Verbringen Sie also ein wenig Zeit bei den Saatgutunternehmen und wählen Sie die Sorten aus, die Sie am meisten ansprechen. Sie sollten die Köpfe von den kleinen Pflanzen entfernen, wenn sie ca. zehn Zentimeter groß sind. Damit regen Sie die Pflanze zur Bildung neuer Seitenknospen und zu einem buschigeren Wuchs an. Auf dem Bild oben rechts sehen Sie grüne, oben abgeknipste Jungpflanzen, die später an zwei Stellen statt an einer Stelle sprießen werden.

Zinnien blühen ca. zwei Monate lang, wenn Sie sie fleißig pflücken und alle samenbildenden Blütenköpfe entfernen.

Die Zinnie liebt Wärme, sie verträgt keinen Frost und verabscheut Kälte. Wenn Sie sie also nach dem Schneiden einige Tage aufbewahren möchten, stellen Sie sie bitte nicht kühl.

Ich säe sie gestaffelt im März und April, indem ich ein Samenkorn in eine Zelle in einer Schale mit ca. 80 Löchern setze. Die Samen können im Mai auch direkt im Freien ausgesät werden, was ich allerdings noch nicht ausprobiert habe, da ich gern die Kontrolle über die Anzahl meiner Pflanzen haben möchte. Aber es sollte gut funktionieren, sie direkt hintereinander in einer Reihe zu säen, mit einem beschrifteten Pflanzenschild, damit Sie wissen, was da wächst.

Beim Pflücken der Zinnien sollten die Stiele recht fest sein, sonst schwächeln die Blumen und lassen die Köpfe nach unten hängen. Testen Sie im Beet und wackeln Sie mit dem Stiel ein wenig hin und her. Erst wenn der Kopf schön mitschwingt, ist die Pflanze bereit, geerntet zu werden.

Tipp

Wenn die Pflanzen mehr Blätterpaare bekommen haben als die, die Sie oben rechts auf dem Bild sehen, knipse oder schneide ich den Kopf ab. Wenn Sie diesen Schritt vergessen haben, können Sie ihn immer noch nachholen, sobald Sie die erste Knospe sehen.

Doldenblütler – Wilde Möhre, Kerbel und andere Schönheiten

Kein Strauß ohne Doldenblütler! Ich bin süchtig nach ihnen allen. Man findet Doldenblütler reichlich in der Natur, am Straßenrand, von Mai an bis in den Juli hinein. Zuerst kommt der Wiesen-Kerbel *(Anthriscus sylvestris)* und später die Wilde Möhre *(Daucus carota)*. Aber dann hört es für mich auch schon auf, Doldenblütler vom Straßenrand zu pflücken.

Es gibt noch zwei weiß und eine gelb blühende Pflanze aus der Familie der Doldenblütler, die zwar sehr schön, aber auch sehr giftig sind. Das sind der Riesen-Bärenklau *(Heracleum mantegazzianum)*, der Gefleckte Schierling *(Conium maculatum)* und der wilde Pastinak *(Pastinaca sativa)*. Diese sollten Sie keinesfalls pflücken, denn sie sind extrem giftig – der Gefleckte Schierling ist sogar tödlich. Pastinak und Bärenklau werden als fototoxisch bezeichnet, das bedeutet, dass der Pflanzensaft einen Ausschlag oder Blasen auf der Haut verursacht, wenn Sie damit in Berührung kommen und gleichzeitig dem Sonnenlicht ausgesetzt sind. Halten Sie sich und Kinder von diesen Pflanzen fern. Wenn Sie wie ich gern Blumen in freier Natur pflücken, machen Sie sich vor dem Pflücken gründlich mit dem Aussehen der Pflanzen vertraut. Insbesondere die weiß blühenden Doldenblütler lassen sich nicht so einfach voneinander unterscheiden, wenn Sie sich nicht wirklich gut auskennen. Der Gefleckte Schierling hat blaugrünlich glänzende Blätter und kann viel größer werden als Wiesen-Kerbel. Wenn Sie sich für wilde Blumen interessieren, rate ich Ihnen dringend, sich im Internet gründlich über giftige heimische Blumen zu informieren.

Im März lasse ich Große Knorpelmöhre *(Ammi majus)*, Wilde Möhre, Fenchel, Dill und Bischofskraut *(Ammi visnaga)* keimen. Sie blühen alle bis in den Sommer hinein. Bis dahin verwende ich wilde Doldenblütler aus der Natur. Ich habe jahrelang unzählige Wildkerbelsamen in meinen Garten gestreut, weil ich es liebe, wenn sie den Frühling begrüßen. Zusätzlich ergänze ich mit weißen Dolden der Baltischen Petersilie *(Cenolophium denudatum)*.

Alle anderen genannten Doldenblütler sind einjährige Sommerblumen, Fenchel ausgenommen, der sich wie eine Staude verhält und Jahr für Jahr wiederkommt.

Gefleckter Schierling – schön, aber giftig und daher tabu im Blumenstrauß. Sie erkennen ihn an den violetten Flecken am Stiel.

1. + 6. Große Knorpelmöhre 'Graceland'

2., 3. + 4. Wilde Möhre

5. Baltische Petersilie

7. Wilde Möhre 'Dara'

8. Bischofskraut

Schmalblättrige Studentenblume, Gelbe Gewürztagetes *(Tagetes tenuifolia)*

Diese Pflanze kann nicht genug gelobt werden. Sie ist fantastisch, hält gut in Blumensträußen und sieht gut aus. Tagetes lässt sich leicht säen, in einer einzigen Samenkapsel stecken viele Samen. Am besten sät man sie von März bis April in einer Anzuchtschale im Haus und bringt sie dann ins Gewächshaus. Wenn Sie kein Gewächshaus haben, säen Sie erst Mitte April und pflanzen Sie sie Mitte Mai aus. Ich habe meist viele Tagetes-Sorten in meinem Garten, pflanze sie in kleinen Büscheln und genieße es, dass ich sie ausnahmsweise nicht einzeln pikieren muss, damit sie sich wohlfühlen. Sie gedeihen sehr gut in Büscheln. Je mehr Sie pflücken, desto mehr Blüten bildet die Pflanze.

Zu meinen Lieblingssorten zählen die langstieligen orangefarbenen sowie die roten Studentenblumen. Tagetes gelten übrigens auch als Nutzpflanzen, weil sie nützliche Insekten anziehen und einen ausgelaugten und harten Boden verbessern können.

Im Strauß unten: Kugeldistel, Tagetes, Oregano, Knorpelmöhre, Eisenkraut und Rudbeckia 'Sahara' (Sonnenhut).

Rote Gartenmelde *(Atriplex hortensis)*
Die Rote Gartenmelde mochte ich schon immer, sowohl im Garten, wo sie fast als eine Art „Raumteiler" fungiert, als auch in Blumensträußen, wo sie einen wunderbaren Kontrast zu dem ganzen Grün bietet.

Die Gartenmelde lässt sich sehr einfach im Garten anpflanzen. Sie können sie bereits im März direkt in die Gartenbeete säen oder aber im Haus vorziehen und später auspflanzen. Bei mir stehen sie normalerweise dicht beieinander. Sie sehen in Blumensträußen wundervoll aus, aber erst, nachdem sie Samenstände gebildet haben. Vorher können die Blätter leicht schlappmachen.

Rote Gartenmelde ist essbar, die Blätter schmecken säuerlich und sehen in einer Salatschüssel zusammen mit den grünen Salatblättern toll aus.

Die Art vermehrt sich gut durch Selbstaussaat. Wenn Sie sie einmal im Garten gehabt haben, werden Sie im folgenden Jahr viele kleine Pflanzen entdecken, die jedoch recht einfach auszusortieren sind, falls Sie sie loswerden möchten.

Skabiose ***(Scabiosa)*** **und Feldrittersporn** ***(Delphinium consolida)***
Für Ihre Blumensträuße empfehle ich Ihnen auch Skabiosen und einjährigen Rittersporn. Die kleinen Skabiosenknospen sehen charmant aus, ebenso wie der Rittersporn mit seinen hohen Rispen.

Es gibt mehrere Sorten der Skabiosen als Sommerblumen oder Stauden. Ich säe sie im März und pflanze sie aus, sobald keine Nachtfröste mehr auftreten. Die Samenstände sind auch in Blumensträußen sehr dekorativ und können getrocknet werden. Durch regelmäßiges Entfernen der Samenstände sorgen Sie für eine kontinuierliche Blüte.

Rittersporn gibt es als Stauden oder einjährige Pflanzen, die leicht keimen, reichlich blühen und außerordentlich bezaubernd in Blumensträußen wirken. Die Stauden benötigen zwar ein paar Jahre, aber sie stehen wie wunderschöne Skulpturen im Garten und sollten immer ganz hinten im Beet platziert werden, da sie ziemlich hochwüchsig sind.

Einjähriger Rittersporn vermehrt sich gern durch Selbstaussaat in den Beeten, sobald Sie ihn einmal in Ihrem Garten haben. Die Keimlinge können ab April ausgepflanzt und mit Vlies abgedeckt werden, wenn schwerer Nachtfrost bevorsteht. Kühle Nächte und Tage dagegen können sie ganz gut aushalten. Ich säe Rittersporn in kleinen Gruppen gestaffelt ab Februar, damit ich den ganzen Sommer über etwas von ihnen habe. Wie die Sonnenblume blühen sie nur einmal, doch sie können Seitentriebe bilden.

Im Strauß sind zu sehen: Wachsblume, Kugeldistel, Samenstände von Schwertlilie und Knorpelmöhre, Purpurleinkraut und rosa Skabiose.

Der Strauß besteht aus einjährigem Rittersporn, Skabiose, Sterndolde, rosa Schmuckkörbchen, dem Samenstand von Schwertlilie und Gräsern.

Sonnenblume *(Helianthus annuus)*

Die robuste Sonnenblume ist ein kleines Wunder. Sie hat das Potenzial, über zwei Meter hoch zu werden, und produziert viele Kerne für die Gartenvögel. Sie vermehrt sich oft selbst und kann an Orten erscheinen, die weit von der Stelle entfernt sind, an der sie letztes Jahr stand. Es gibt Sorten, die nur eine einzige, aber riesige Blüte ausprägen. Mehrere Sorten bilden Seitentriebe für noch mehr Blumen zum Pflücken. Ich schätze besonders eine Sorte namens 'Dwarf', weil sie viele Triebe in perfekter Länge für normale Blumensträuße hervorbringt.

Sonnenblumen sollten gepflückt werden, bevor sie in voller Blüte stehen. Wenn sie den Kopf hängen lassen, stellen Sie das Stielende in sehr heißes Wasser, das hilft oft.

Die dunkle Sonnenblume heißt 'Velvet Queen'.

Im Brautstrauß unten rechts: Sonnenblume 'Dwarf', rosa Gladiole, Katzenminze, rosa Dahlie, rosa Zinnie, Sommerphlox 'Sugar Stars', Fenchel, Spargel, Goldrute und Wilde Möhre.

Garten-Fuchsschwanz *(Amaranthus caudatus)*, Rispen-Fuchsschwanz *(A. cruentus)*
Amarant, wie der Fuchsschwanz auch oft genannt wird, ist sehr einfach anzubauen und eignet sich fantastisch für Dekorationen und Blumensträuße. Er trocknet schnell und behält die Farbe. Außerdem können die kleinen Samen im „Blütenstand" gegessen werden, der Geschmack erinnert an Quinoa. Es gibt zahlreiche Sorten – bauen Sie die an, die Ihnen am besten gefallen. Die Pflanzen brauchen Platz und säen sich selbst aus, lassen sich aber im folgenden Jahr leicht umsetzen.

Ich ziehe sie im März im Haus vor und pflanze sie einzeln in Abständen von 30 Zentimetern aus, also neun Stück auf einen Quadratmeter. Wird Amarant häufig oben abgeknipst, reagiert er mit der Ausbildung von Verzweigungen.

Patagonisches Eisenkraut, Verbene *(Verbena bonariensis)*
Eisenkraut kommt bei milden Temperaturen gut über den Winter, aber ich säe es jedes Jahr neu. Es kann sich auch leicht durch Selbstaussaat vermehren, wenn Sie die Samenstände über den Winter stehen lassen. Die Samen mögen eine Kälteperiode, deshalb säe ich sie normalerweise im Januar im Gewächshaus oder draußen in einer Schale. Im März nehme ich sie hinein ins Haus, wo es frühlingshaft warm ist. Wenn Sie die Schale auf einen warmen Fußboden oder eine Heizmatte stellen, kann dies die Keimung weiter beschleunigen. Sobald sich Keimlinge zeigen, sollte die Schale wieder von der Wärmequelle entfernt werden.

Nachdem die Pflänzchen ca. einen Monat lang in der Aussaatschale gewachsen sind, nehme ich mit einer Gabel ein paar kleine Büschel und topfe sie um, etwa vier bis fünf Pflanzen dicht beieinander. Sie werden nicht einzeln, sondern im Mai gruppenweise ausgepflanzt. Eisenkraut ist sehr dankbar und steht gern eng beisammen, um sich zu stützen. Deshalb pflanze ich den Inhalt von vier bis fünf Töpfen in einer Reihe von einem Meter. Eisenkraut blüht auf den meisten Böden mehrere Monate lang wunderschön.

AUSSAAT PFLEGELEICHTER BLUMEN

Wenn Sie etwas weniger Mühe auf die Anlage von Gartenbeeten aufwenden möchten, streuen Sie einfach das Saatgut großflächig auf Ihren Beeten aus. Normalerweise mische ich die Samenkörner mit etwas Aussaaterde und werfe sie dann dorthin, wo ich die Blumen wachsen lassen möchte. Natürlich sollte das Beet zuvor gejätet und vorbereitet sein, damit kein zähes Unkraut hochkommt, gegen das die kleinen Keimlinge ankämpfen müssten. Nach dem Verstreuen des Saatguts wässere ich ein wenig, ansonsten lasse ich der Natur freien Lauf. So kann man mit möglichst wenig Aufwand leicht schöne Blumenbeete schaffen. Beete mit nur einer Blumenart finde ich persönlich wunderhübsch, aber etwas wildere Beete durch Samenmischungen können auch ihren Reiz haben. Besonders die Samen von Ringelblume, Mohnblume und Jungfer im Grünen eignen sich zur Breitsaat.

Natürlich können Sie auch in langen Reihen säen (Reihensaat). Kennzeichnen Sie jede Reihe mit einem Pflanzenschild, so lernen Sie auch das Aussehen der Jungpflanzen kennen.

Ich lasse Ringelblume, Gartenmelde, Mohnblume und Jungfer im Grünen im Herbst immer gern sich selbst aussäen und sondere sie im Frühjahr gegebenenfalls aus, wenn ich es bereue und lieber etwas anderes im Beet haben möchte. Oder ich nehme sie vorsichtig heraus und pflanze sie an anderer Stelle wieder ein.

Ringelblume *(Calendula officinalis)*

Ringelblumen erinnern mich an frühere Zeiten in Omas Garten. Es ist toll, sie für Blumensträuße zu pflücken. Sie bleiben jedoch nicht so lange frisch, aber wenn Sie das Wasser jeden Tag wechseln und dafür sorgen, dass keine Blätter mit dem Wasser in Kontakt kommen, können sie vier bis sechs Tage lange halten.

Die klassische Ringelblume ist meist gelb und orange, aber es gibt viele neue Sorten auf dem Markt, die von pfirsich- bis cremefarben variieren können. Nicht alle diese neuen Sorten bilden Samen, da es sich um sterile Hybriden handelt.

Sollte die Pflanze gegen Ende der Saison von Mehltau befallen sein, schneiden Sie sie vollständig ab. Sie wächst mit neuen Blättern und Blüten ohne Mehltau weiter.

Die Blütenblätter sind essbar und sehen auf Kuchen und in Salaten wunderschön aus. Sie können auch eine Suppe dekorativ mit den getrockneten Blättern bestreuen.

Klatschmohn *(Papaver rhoeas)*
Es gibt sowohl einjährige als auch mehrjährige Mohnblumen. Die roten, die man oft am Straßenrand sieht, sind Einjährige, die sich durch Selbstaussaat vermehren. Ich streue die Samen im Februar oder Anfang März auf ihrem vorgesehenen Standort aus, damit die Blumen im Mai und Juni blühen. Mohn sollte nach der Keimung nicht umgepflanzt, sondern gleich dort angesät werden, wo er tatsächlich wachsen soll.

Pflücken Sie Mohnblumen kurz vor dem Erblühen, wenn Sie die Farbe der Blütenblätter erahnen können. Stellen Sie die Stiele zehn Sekunden lang in sehr heißes und dann in kaltes Wasser, dann hält sich der Mohn besser in der Vase. Sie können die Stängel auch mit einer Flamme kurz ansengen.

Wenn Sie Mohn lieben und es mit Exoten und Besonderheiten wie 'Island Poppies' (Islandmohn) probieren möchten, sollten Sie etwas Erfahrung mitbringen. Ich selbst bin gerade dabei, mich an die etwas schwieriger zu handhabenden Sorten heranzutasten, und denke, dass ich noch gehörig damit zu tun haben werde, bis meine Bemühungen von Erfolg gekrönt sein werden.

Die Sorte 'Shirley Single Mix'

Jungfer im Grünen ***(Nigella damascena)***

Nigella, wie ich sie häufig nenne, ist sowohl als Blume als auch als Samenstand wunderschön. Ich säe sie mehrmals im Herbst und im Frühjahr direkt am Standort. Sie können die Blüten der Jungfer im Grünen immerzu pflücken, denn es werden dauernd neue gebildet. Die Samenkapseln eignen sich gut zum Trocknen und machen sich hervorragend als hübsches Element in einem Winterstrauß mit getrockneten Blumen.

Es gibt viele Sorten dieser Pflanze, aber die gängigste ist *Nigella damascena*.

Vorschläge für eine wilde Streublumenmischung

Experimentieren Sie mit dem Herstellen Ihrer eigenen Saatgutmischungen, zum Beispiel mit Wiesen-Kerbel, Wilder Möhre, Dill, Klatschmohn, Ringelblume, Kornblume, Kamelie, Schmuckkörbchen, Koriander, einjährigem Schleierkraut und Digitalis. Aus dieser Kombination ergibt sich ein reizvolles Beet mit vielerlei Blumen für schöne Feldsommersträuße. All diese Blumen werfen Samen ab und können sich Jahr für Jahr mit ein wenig Hilfe und jährlichen Nährstoffzusätzen im Beet vermehren.

Mischen Sie einfach das Saatgut mit etwas ökologischer Aussaaterde und streuen Sie es im März oder April und erneut im September für eine Ernte im nächsten Jahr auf einem gejäteten und unkrautfreien Beet aus, das Sie gegebenenfalls schon etwas gedüngt haben. Oder Sie haben gerade ein neues Beet angelegt, den Rasen abgetragen und den Boden mit einer Grabegabel gelockert. Dann einfach wässern und der Natur überlassen.

Wenn die Keimlinge zu dicht beieinanderstehen, wie Gartenkresse in einem Schälchen, entwickeln sich die Pflanzen nur schwer. Es gibt immer welche, die eingehen – Sie können sich also nicht darauf verlassen, dass alles gedeiht und zu einem „Superstar" wird. Also bringen Sie lieber weniger Samen als zu viele aus und dünnen Sie ruhig aus, wenn Sie viele Jungpflanzen sehen, die um ihren Platz kämpfen müssen. Kleine Pflanzen brauchen individuelle Freiheit, um sich optimal entwickeln zu können, ohne ständig von einem eifrigen Nachbarn bedrängt zu werden. Es geht um eine gute Balance, und Sie lernen dabei jedes Jahr dazu.

ZWEIJÄHRIGE PFLANZEN

Arznei-Engelwurz *(Angelica archangelica)*

Engelwurz ist eine wahrlich königliche Doldenblütlerpflanze, die sich mit ihren großen Blättern und flotten Samenständen über die anderen erhebt. Ich baue sie hauptsächlich an, um mich in den Gartenbeeten an ihr zu erfreuen, und nicht, um sie zu pflücken, da sie keine neuen Blüten ausbildet. Sie ist zweijährig, das heißt, dass sie im ersten Jahr nur eine grüne Blattrosette hervorbringt und erst im folgenden Jahr blüht. Engelwurz ist essbar und hat einen schönen Samenstand, der die eigentliche Blüte ist. Es gibt sie in grüner als auch in burgunderfarbener Variante.

Die Arznei-Engelwurz kann sich durch Selbstaussaat vermehren, wenn Sie die Samenstände an der Pflanze belassen. Alternativ können Sie die trockenen Samen im Herbst in die Gartenbeete streuen. Da die Pflanze bis zu zwei Meter hoch wird, ist es sinnvoll, sie ganz hinten im Beet oder in der Mitte größerer Staudenbeete zu platzieren.

Lauch ***(Allium porrum)***

Ich baue Lauch nur wegen der Blüten an. Es macht mir nichts aus, dass die Blumen ein bisschen nach Zwiebeln riechen und schön fein gehackt über einen Salat gestreut werden können.

Im Sommer setze ich die kleinen Lauchpflanzen in die Gartenbeete hinaus und lasse sie den ganzen Winter über stehen. Im Frühsommer habe ich dann die hübschen Blumen zur Verfügung. Ich nutze sie als Deko, bevor sie erblühen, aber auch gern, wenn sie in voller Blüte stehen. Sobald die Blüten abgenommen wurden, ist die Pflanze am Ende. Der Lauch ist ungenießbar, nachdem er all seine Energie zum Bilden von Samen aufgewendet hat. Gleiches gilt für die anderen *Allium*-Gewächse wie Zwiebeln, Schnittlauch, Knoblauch und Schnittknoblauch. Mir hat es jedoch am meisten die Blüte des Lauchs angetan.

Der Strauß besteht aus Lauchblüten, Tagetes, Knorpelmöhre, Eisenkraut, Himbeerzweige und Fenchel.

Roter Fingerhut, Digitalis *(Digitalis purpurea)*

Digitalis ist giftig, aber sehr schön anzusehen in Blumensträußen. Die Pflanze kann sich durch Selbstaussaat mehrere Jahre hintereinander vermehren und blühen, gilt jedoch als zweijährig. Wenn Sie mehr Kontrolle darüber haben möchten, säen Sie den Fingerhut im Frühjahr oder Frühsommer entweder direkt ins Beet oder in einen Kübel. Die winzigen Samenkörner gehen gut auf, dürfen aber nicht mit Erde bedeckt werden. Die Keimlinge sehen aus wie Gartenkresse und sollten ausgedünnt werden. Am besten schneiden Sie einige einfach ab, damit die anderen sich weiterentwickeln können. Danach büschelweise in Töpfe pikieren, wenn sie etwas größer geworden sind, dabei wieder kontinuierlich ausdünnen, sodass sich drei bis vier Pflanzen in einem Topf befinden. Es tut weh, seine Pflanzen abzuschneiden, aber es gibt ja reichlich davon.

Beim Auspflanzen können Sie die Pflänzchen vorsichtig auseinanderziehen und einzeln setzen, gern dicht beieinander mit nur einer Handbreit dazwischen. Wenn mehrere Exemplare derselben Pflanzenart grüppchenweise beisammenstehen, sieht das nicht nur sehr schön aus, sondern füllt auch das Beet gut aus. Sie können mühelos mindestens 20 bis 50 Pflanzen ziehen, nachdem Sie die Samen wie Salz auf ein Ei gestreut haben. Die Auspflanzung erfolgt im Herbst oder Frühling, und die Blüten erscheinen im Sommer nach der Aussaat.

Digitalis ist nicht samenstabil, da sich die Bienen auf den Pollen der Pflanze bewegen. Deshalb könnten Sie im folgenden Jahr einen pinkfarbenen Fingerhut mit Samen einer weiß blühenden Pflanze erhalten.

Tipp

Wenn Sie den Fingerhut zurückschneiden, bevor er Samenstände gebildet hat, haben Sie möglicherweise das Glück, dass die Pflanze überlebt und für eine weitere Saison weiterwächst.

Der Strauß zeigt Digitalis, Lauch, Mutterkraut, Koriander 'Filtro' und Purpurleinkraut.

Palmkohl (*Brassica oleracea* convar. *acephala* var. *sabellica*) und Grünkohl (*Brassica oleracea* var. *sabellica*)

Ich baue Palmkohl und Grünkohl an, weil sie uns im Winter ein gesundes Gemüse für die Ernährung liefern und wir Biogrünkohl zu Hause lieben. Aber der Hauptgrund ist der, dass die Pflanze im folgenden Frühling und Frühsommer so schön blüht. Die gelben Blüten sind ebenfalls essbar, sie haben einen zarten und frischen Kohlgeschmack, aber ich pflücke sie lieber für meine Sträuße, anstatt sie zu verspeisen. Die Stängel mit den kleinen Blüten halten sich gut, und die feine hellgelbe Farbe passt besonders zu lila, blauen, pinkfarbenen und rosa Blumen. Außerdem blühen diese Kohlsorten zu einer Zeit im Frühjahr, wenn es im Garten nicht viel anderes gibt.

Meine Empfehlung ist, die Blätter in Blumensträußen als grünes Blattwerk zu verwenden. Das Wasser muss jedoch jeden Tag gewechselt werden, da die Blätter leicht verrotten und dann anfangen, streng zu riechen.

Tipp

Wenn Sie einige der Blüten an der Pflanze belassen, bilden sie dekorative Samenkapseln aus. Es sind die langen, schotenähnlichen Gebilde auf dem Foto oben rechts auf der rechten Seite. Im Strauß außerdem zu sehen: Margeriten, Mutterkraut, Samenstände der Jungfer im Grünen, Frauenmantel und Strandflieder 'Rats Tail'.

ZWIEBELBLUMEN

Ich liebe Zwiebelblumen, sowohl diejenigen, die im Herbst in den Boden kommen, als auch jene, die im Frühjahr gesteckt werden. Im Garten ziehe ich einige Frühlingsblüher, darunter beispielsweise Tulpen, Narzissen und den Kugellauch 'Purple Sensation'.

Die Zwiebeln, die im Herbst (Oktober) gesteckt werden, blühen im Frühjahr als eine der ersten im Garten (April/Mai). Wenn Sie die Tulpen für Blumensträuße pflücken, können Sie nicht erwarten, dass die Zwiebel kräftig weiterblüht. Das Laub muss mit der Zwiebel verdorren, damit sie neue Reserven aufbauen kann, um erneut zu blühen. Also grabe ich meine Tulpenpflanzen mitsamt Zwiebeln aus, schneide die Stiele bis hinunter zur Zwiebel ab und werfe diese auf den Kompost. Wenn man seine Blumen verkauft, muss die Qualität erstklassig sein, deshalb hört sich das vielleicht ein bisschen hart und grob an. Als gewöhnlicher Gartenbesitzer können Sie die Zwiebeln einfach stehen lassen und sehen, was passiert.

Narzissen sondern beim Pflücken eine schleimige, giftige Flüssigkeit ab, die sich negativ auf die anderen Blumen im Strauß auswirkt und deren Haltbarkeit beeinträchtigt. Tragen Sie daher Handschuhe beim Ernten von Narzissen und schneiden Sie sie gleich zu Beginn in der gewünschten Länge ab. Stellen Sie sie für ein paar Stunden allein in einen Eimer mit kaltem Wasser. Sie schließen sich am Stielende und können dann besser mit anderen Blumen arrangiert werden. Narzissen verdorren mitsamt ihrem Laub, das nicht abgeschnitten wird, da man nur den Blütenstiel erntet. Narzissen vermehren sich und bilden mehr Zwiebeln, sie müssen also nicht wie Tulpenzwiebeln ausgegraben und weggeworfen werden.

Neben den Frühlingsblühern gibt es auch Sommerblüher unter den Zwiebel- und Knollengewächsen. Sie werden im Frühjahr gesetzt und blühen später im Sommer, beispielsweise Lilien, Gladiolen und Abessinische Gladiolen. Die Zwiebeln können bei starkem Frost grundsätzlich nicht überwintern, doch dies hängt auch stark von der jeweiligen Sorte ab. Finden Sie heraus, ob Ihre Pflanzen ausgegraben und für den nächsten Frühling aufbewahrt werden können. Da ich meine Gewächse in der Blütezeit abschneide, betrachte ich sie auch als einmalig blühend, aber ich experimentiere gerade damit, die Blätter an der Pflanze zu belassen und nur den Blütenstiel zu ernten – in der Hoffnung, es möge ausreichen, damit die Zwiebel Kräfte sammelt und wieder neu erblüht.

Auf dem Bild links oben auf der rechten Seite sehen Sie Zwiebeln von Abessinischen Gladiolen, die ich den ganzen Sommer über in Töpfen hatte. Sie wurden im Herbst herausgenommen und in einem Schuppen aufbewahrt, mit dem ganzen Laub noch an den Zwiebeln. Nachdem sie zurückgeschnitten und ein wenig zum Trocknen gelegt wurden, sind sie im Mai wieder bereit, in Töpfe gesetzt zu werden und im August aufs Neue zu blühen.

Alle Zwiebelpflanzen bevorzugen eine Kompostschicht und gedeihen nicht in zu sauren Böden. Wenn Sie Jahr für Jahr wiederkehrende Zwiebelpflanzen in Ihre Beete setzen möchten, sollten Sie die Zwiebeln bei der Pflanzung mit einem Nährstoffpaket versorgen, zum Beispiel ein wenig Knochen- oder Blutmehl, das für den ökologischen Landbau zugelassen ist. Die Nährstoffe werden langsam freigesetzt und eignen sich gut für Zwiebelpflanzen.

Der Strauß rechts oben umfasst Amarant, Rauen Sonnenhut, Abessinische Gladiole, Gartenmelde, Goldrute, Fontänengras, den Samenstand von Wilder Möhre und Gladiole.

STAUDEN

Vielleicht finden Sie es nun an der Zeit, mit der Aussaat Ihrer eigenen Stauden zu beginnen. Freuen Sie sich, denn es ist alles andere als schwierig. Und Sie gewinnen Stauden für einen schönen Garten. Dabei können Sie einige meiner Lieblingssorten leicht in einem bunten Beet kombinieren, und es blüht von Frühling bis Herbst. Oder Sie ziehen sich bestimmte Stauden explizit für Ihre Blumensträuße. Natürlich muss das eine das andere nicht ausschließen. Entscheiden Sie selbst, welche Sorten Sie für ein Beet oder den Schnittgarten anpflanzen möchten – vielleicht eine Mischung aus Stauden und Sommerblumen?

Stauden kommen Jahr für Jahr wieder, sind schön bunt und fördern das Leben zahlreicher Tiere im Garten. Viele blühen früher als die ausgepflanzten Sommerblumen und schenken Ihnen somit auch früher im Jahr hübsche Elemente für Ihre Sträuße.

Doch die Stauden bieten noch weitere Vorteile: Sie ziehen Insekten an und erfordern keine aufwendige Pflege. Sie müssen lediglich im Frühjahr zurückgeschnitten und einige Male in der Saison mit neuem Kompost gedüngt und gejätet werden. Ende April, Anfang Mai ist normalerweise ein guter Zeitpunkt dafür. Wenn Sie den Staudenschnitt zerkleinern und in den Gartenbeeten liegen lassen, verrottet er langsam und wird vom Boden wieder aufgenommen. Wenn Sie darüber noch Kompost verteilen, sind die heranwachsenden Pflanzen zusätzlich geschützt. Im Juni werden Sie das Schnittgut dann nicht mehr sehen.

Ich befürworte diese Methode, weil sich das organische Material sowohl für den Boden als auch für die Mikroorganismen am besten als Dünger eignet. Aber es ist natürlich reine Geschmackssache, ob Sie lieber manierlich aufgeräumte Beete mit Blick auf saubere Erde haben möchten oder nicht.

Im Folgenden empfehle ich die Stauden, die ich selbst gern säe und für Blumensträuße verwende, aber es gibt Hunderte anderer Sorten, die Sie gleichermaßen ziehen können. Mit allen hier gelisteten Tipps war ich selbst erfolgreich. Wenn Sie noch mehr über Staudenaussaat wissen möchten, finden Sie gute einschlägige Literatur in Buchform oder auch in in- und ausländischen Gartenblogs.

Rechnen Sie bei der Aussaat Ihrer Stauden damit, dass sie erst im folgenden Jahr oder nach

zwei Jahren blühen. Es braucht einige Zeit, bis sie zu kräftigen Pflanzen herangewachsen sind, aber diese neuen Gewächse werden sich ganz bestimmt lohnen, auch wenn Sie sich zunächst ein wenig in Geduld üben müssen

Sobald die Stauden groß geworden sind, sollten die meisten von ihnen nach einigen Jahren geteilt werden. Ich habe mich immer an die nachfolgenden Empfehlungen hinsichtlich der Pflanzenteilung und des geeigneten Zeitpunktes dafür gehalten:

Große Gruppen derselben Pflanze kommen am besten zur Geltung. Beurteilen Sie selbst, wie viel Platz Ihnen zur Verfügung steht. Die meisten Pflanzen mögen am liebsten Abstände von 20 bis 30 Zentimetern, je nachdem, wie groß sie werden. Die Storchschnabelarten *(Geranium)* sollten eine Handbreit voneinander entfernt gepflanzt werden, um einen teppichartigen Bodendeckereffekt zu erzielen. Stöbern Sie in Büchern, auf Pinterest und in Gartenmagazinen, um Ideen für Ihr zukünftiges Paradies zu bekommen. Stellen Sie sich einen Bauerngarten, Permakulturgarten, Präriegarten, Schlossgarten, wilden Naturgarten, eine Blumenwiese oder etwas anderes vor? Es gibt so unendlich viele fantastische Inspirationen, die Ihnen sicherlich dabei helfen, sich Ihren Gartenwunsch Schritt für Schritt zu erfüllen.

Tipp

Die im Frühjahr oder Frühsommer blühenden Stauden profitieren davon, im Herbst geteilt und neu gepflanzt zu werden. Stauden, die im Spätsommer blühen, lassen sich am besten im Frühjahr teilen und neu pflanzen. Das garantiert eine gute Wachstumsphase, um sich bis zur nächsten Blüte gut zu verwurzeln.

Tipps für Pflanzenkombinationen:
Ich empfehle die folgenden Kombinationen, die als Stauden sehr gut zusammenpassen. Setzen Sie die höchste Pflanze hinten ins Beet. Bei den Aufzählungen unten beginne ich mit der höchsten und ende mit der niedrigsten. Pflanzen Sie sie eventuell in einem Zickzackmuster, um eine gewisse Dynamik zu erzeugen.

- Kugeldistel, Anis-Ysop, Sonnenhut (*Echinacea* 'Magnus') und Oregano (blau, lila, rosa und pink)
- Spargel, Margerite, Katzenminze, Mutterkraut und Weicher Frauenmantel (grün, weiß, lila, weiß, gelb), dazu eventuell ein oder drei weiße, blaue oder rosa Ehrenpreis ganz hinten im Beet
- Fenchel, Kugeldistel, Anis-Ysop und Tagetes (einjährig; gelb, blau, lila und orange)
- Gartenmelde (direkt im März/April säen, einjährig), Schmalblättrige Lupine, Witwenblume und Weicher Frauenmantel (bordeaux, blau, bordeaux und gelb)

Bei zwölf bis 16 Pflanzen pro Quadratmeter stehen die Pflanzen sehr nah beieinander, was gut aussieht und das Wachstum von Unkraut verhindert. Die Gewächse müssen nicht von Anfang an groß sein. Wenn Sie also eine große Pflanze von jeder Sorte bekommen, teilen Sie sie und verschaffen Sie sich auf diese Weise weitere Pflanzen.

Günstig zum Anlegen von Staudenbeeten sind der Frühling und der Herbst, nicht aber der Hochsommer. In den Wochen nach dem Anlegen müssen die Beete gut gewässert werden. Nach einigen Jahren können Sie die Stauden ausgraben und in weitere Pflanzen teilen.

Sie können die Beete jederzeit mit weißen Doldenblütlern ergänzen, die Sie im Haus vorziehen und Mitte Mai auspflanzen. Doldenblütler passen zu allen Pflanzenkombinationen.

Die hoch gewachsene braune Pflanze, die Sie in diesem Beet sehen, sollte nicht vorhanden sein. Es ist der Samenstand des Ampfers (Rumex), einer Unkrautpflanze. Sie hat lange Pfahlwurzeln und verbreitet sich stark mit ihren zahlreichen Samen. Reißen Sie sie aus, sobald Sie ihre Blätter erkennen. Sie ähneln den Blättern von Kerzenknöterich.

ALLGEMEINES ZUR AUSSAAT VON STAUDEN

Falls Sie keine Staudensamen kaufen, ernten Sie sie von Ihren vorhandenen Stauden oder fragen Sie andere Hobbygärtner oder in Saatguttauschgruppen auf Facebook danach. Sobald die Samenkapseln braun geworden sind, nehmen Sie sie ins Haus und lassen Sie sie trocknen. Ich lege sie immer für ein paar Tage auf die Fensterbank und verpacke sie dann in Saatguttütchen. Braune Kaffeefilter haben mir jahrelang gute Dienste geleistet und funktionieren gut für diesen Zweck. Beschriften Sie die Tütchen sofort. Später sind die Samen nur noch schwer voneinander zu unterscheiden.

Die Pflanzen bilden im Herbst Samen, die abfallen und vom Wind weitergetragen werden. Unter den richtigen Bedingungen keimen sie im Frühjahr oder in den Folgejahren und bilden neue Pflanzen. Das wollen wir nachahmen, und zwar kontrolliert.

Normalerweise säe ich im Herbst entweder draußen oder im Gewächshaus. Ich klebe Kreppband mit dem Namen der Pflanze auf meine Samenschale oder benutze ein selbst gemachtes Pflanzenschild aus einem in Streifen geschnittenen Joghurtbecher, außerdem einen Permanentmarker für die Beschriftung. Ich verwende saubere Plastikschalen, in denen Trauben oder anderes im Winter gekauftes Obst oder Gemüse verpackt war. Falls noch nicht vorhanden, schneide ich Löcher in den Boden, damit das Wasser abfließen kann.

Ich nehme ökologische Aussaaterde, füge etwas groben Sand, Perlit oder Kiesel hinzu, um die Feuchtigkeit zu halten und die Wurzeln mit Sauerstoff zu versorgen, wenn die Pflanzen zu wachsen beginnen. Gern bestreue ich sie mit etwas Sand oder Vermiculit. Im Freiland oder im Gewächshaus sind die Samen einer längeren Periode wechselnder Hitze und Kälte ausgesetzt, an die die meisten in unseren Breiten heimischen Stauden gewöhnt sind. Während der Keimung müssen die Samen gleichmäßig feucht gehalten und bis zum Winter alle drei bis sechs Wochen kontrolliert werden.

Im Frühjahr keimen sie hoffentlich. Wenn sie etwas gewachsen sind, pikieren Sie sie einzeln in Töpfe mit Aussaat- und Pikiererde und versorgen Sie sie bis zur Auspflanzung mit Wasser. Kleine Plastiktöpfe sind praktisch und oft kostenlos zu bekommen. Reinigen Sie sie gründlich, um Pilzkrankheiten zu vermeiden.

Sie können die neuen Jungpflanzen im Spätsommer an ihrem Standort auspflanzen. Das Schild sollte nicht fehlen, da kleine Pflanzen schwierig auseinanderzuhalten sind, wenn man noch unerfahren darin ist. Möglicherweise haben Sie einen Plan für Ihren Garten erstellt und sich auch schon damit vertraut gemacht, welche Lichtverhältnisse die Pflanze bevorzugt und wie hoch sie werden wird. Es gilt die goldene Regel: die höchsten Pflanzen hinten, die mittelhohen in der Mitte und die niedrigen vorn.

Beispiele für unterschiedliche Wuchshöhen und ein praktisches Staudenbeet mit viel Material zum Ernten sind Weide, Kugeldistel und Anis-Ysop hinten, Sonnenhut 'Magnus' in der Mitte und Oregano vorn. Diese Pflanzen gedeihen alle in der prallen Sonne. Das tun die meisten, aber erkundigen Sie sich immer bei den Pflanzenhändlern, was sie für die jeweilige Art empfehlen, und befolgen Sie die Tipps der Saatgutfirmen.

Tipp

Sehr kleine Samenkörner müssen bei der Aussaat selten mit Erde bedeckt werden. Eine gleichmäßig feuchte Oberfläche ist jedoch sehr wichtig, damit die Samen aufgehen können. Verwenden Sie gegebenenfalls in regelmäßigen Abständen eine Wassersprühflasche.

AUSSAAT PFLEGELEICHTER STAUDEN

Anis-Ysop, Anis-Duftnessel *(Agastache foeniculum)*

Agastache, Anis-Duftnessel, Anis-Ysop – lieb Kind hat viele Namen. Diese wundervolle Pflanze duftet leicht nach Anis, ihre Blätter können für Tee verwendet werden. Sobald sie im Garten wächst, vermehrt sie sich durch Selbstaussaat, wenn die Samenstände über den Winter an der Pflanze verbleiben. Die Jungpflänzchen lassen sich leicht an freie Stellen in den Gartenbeeten umsetzen und kommen in Gruppen zu drei, fünf oder sieben Exemplaren gut zur Geltung. Auch kombiniert mit anderen Stauden oder Sommerblumen im Beet und in Blumensträußen mit Schmuckkörbchen, Dahlien, Sonnenhut, Oregano und weißen Doldenblütlern sieht Anis-Ysop gut aus.

Insekten lieben diese Pflanze, die es sowohl in Weiß als auch in einem häufiger vorkommenden Lila gibt. Die mühelos abnehmbaren Samen gehen leicht auf.

Zum Ernten der Samen im Spätsommer oder Herbst nehmen Sie den ganzen Samenstand, wenn er braun und trocken ist, legen ihn kopfüber in eine Papiertüte oder Schüssel und lassen ihn einige Tage oder Wochen so stehen. Die Samen fallen von selbst heraus. Wenn nicht, reiben Sie ein wenig an der Außenseite der Papiertüte, damit sie sich lösen. Sieben Sie die feinen schwarzen Samen aus und säen Sie sie wie oben beschrieben.

Die Duftnessel gilt als kurzlebige Staude. Nach ein paar Jahren kann sie plötzlich weg sein. Sorgen Sie also für nachwachsende Pflanzen, wenn Sie sie weiterhin im Garten haben möchten.

Der Strauß rechts zeigt Wilde Möhre, Rainfarn, Anis-Ysop, Löwenmaul und Rasselblume.

Schleierkraut ***(Gypsophila paniculata)***
Schleierkraut können Sie entweder als Staude anbauen oder als Sommerblume säen. Achten Sie aber beim Kauf von Saatgut auf die unterschiedlichen Sorten. Bei der Angabe „mehrjährig" handelt es sich um eine Staude, „einjährig" bezeichnet eine Sommerblume.

Für meine Stauden habe ich die Samen einst gekauft, heute sind die Pflanzen riesengroß. Es hat zwar ein paar Jahre lang gedauert, aber jetzt schenken mir die Gewächse großzügige Rispen mit zierlichen weißen Blüten.

Schleierkraut eignet sich auch hervorragend zum Trocknen, und was ist romantischer als eine duftige weiße Wolke aus Schleierkraut in einem Blumenstrauß?

Der Strauß links enthält Löwenmaul 'Chantilly Mix', Schleierkraut, Margerite, Kolbenhirse und Goldmelisse (Staude).

Garten-Margerite
(Leucanthemum maximum)
Es gibt viele schöne Margeriten zum Aussäen. Ich habe mich für die großblütige Sorte 'Wirral Supreme' entschieden und die Samen dafür vor einigen Jahren gekauft. Die Pflanze blüht über einen langen Zeitraum. Wenn Sie sie vor Ende ihrer Blütezeit fast vollständig zurückschneiden, erblüht sie später im Sommer mitunter ein zweites Mal.

Einfache Margeriten sind ebenfalls sehr hübsch und leicht zu säen. Sie vermehren sich auch häufig durch Selbstaussaat an Stellen im Garten, die Sie vielleicht gar nicht geplant haben. Aber sie lassen sich leicht erkennen und in andere Beete umpflanzen.

Tipp
Wenn Sie Ihre Stauden vollständig zurückschneiden, um eine weitere Blüte zu erzielen, geben Sie ihnen etwas organischen Dünger und wässern Sie sie gut. Sie werden sehr schnell merken, dass die Pflanze dank dieser Behandlung sehr gut gedeiht.

Mutterkraut ***(Tanacetum parthenium)***

Das zur Familie der Korbblütler gehörende Mutterkraut hat einen ganz besonderen Duft, den ich persönlich sehr liebe. Es blüht schön und lange, sät sich gern selbst in den Gartenbeeten aus und verhält sich wie eine kurzlebige Staude. In Blumensträußen hält es sich gut. Die Jungpflanzen lassen sich im Beet leicht erkennen und können umgepflanzt oder als kleines Geschenk eingetopft werden. Niemand wird zu dem hübschen Mutterkraut Nein sagen können.

Die ersten Samen, die ich vor vielen Jahren eingetauscht habe, sind zu all diesen vielen Pflanzen geworden, die ich heute besitze, weil ich die selbst säenden kleinen Pflänzchen umgesetzt habe. Wenn Sie Mutterkraut nach der ersten Blüte abschneiden, blüht es später wieder. Die Samen brauchen Licht zum Keimen und dürfen daher in der Samenbox nicht mit Erde bedeckt sein.

Ernten Sie die verwelkten braunen Blüten und zerreiben Sie sie zwischen den Fingern auf einem Saatkistchen. Ich wette, Sie haben im Frühjahr kleine, feine Pflänzchen auf diesem Stückchen Erde.

Kugeldistel *(Echinops ritro)*
Die Kugeldistel gab es bereits zu Hause in meinem Garten in Brede, und ich stellte schnell fest, dass sie leicht zu säen ist und bereits im selben Jahr, in dem sie gesät wird, große blühende Gewächse hervorbringt.

Die Samen brauchen keine Kälteperiode, um zu keimen. Ich lege die Samen der Kugeldistel im Frühjahr im Haus in Saatschalen und bedecke sie mit Erde. Sobald sich Keimlinge zeigen, sollten sie einzeln pikiert werden. Im selben Frühling oder Frühsommer pflanze ich sie aus, und sie blühen bereits im ersten Jahr. Die runde Kugel besteht nur aus Samen, die zum Vorschein kommen, wenn Sie die Kugel trocknen und zerreiben, bis sie auseinanderfällt. Eine einzelne Blüte kann also unzählige Pflanzen hervorbringen, denn die Samen sind äußerst keimwillig.

Rauer Sonnenhut *(Rudbeckia hirta)* und Purpur-Sonnenhut *(Echinacea purpurea)*
Ich habe mich entschieden, diese beiden Arten zusammenzufassen, da sie einander ähneln und oft unter derselben Bezeichnung geführt werden: Sonnenhut. Die Gattung *Rudbeckia* wird oft als Rauer Sonnenhut bezeichnet. Der Unterschied zur Gattung *Echinacea* besteht allerdings darin, dass deren Vertreter robust sind und die der Gattung *Rudbeckia* nicht. Andererseits haben mehrere meiner Rudbeckien in den letzten Jahren mit milden Wintern überlebt und es in die nächste Saison geschafft.

Aus der Gattung *Echinacea* habe ich in meinem Garten die rosa blühende Sorte 'Magnus' und die weiß blühende Sorte 'White Swan'. Sie sehen nicht nur fantastisch aus, sondern sind auch noch Nutzpflanzen im Garten und locken viele Schmetterlinge an. In der Naturheilkunde werden sie zur Stärkung des Immunsystems und zur Linderung von Erkältungen eingesetzt. Ich sammle den Samen im Spätsommer, streue ihn in eine Anzuchtschale, bedecke die Samenkörner leicht mit Erde und lasse sie den Winter über stehen.

Im späten Frühjahr zeigen sich die Keimlinge. Ich pikiere sie einzeln, pflege sie den ganzen Sommer über gut und pflanze sie im Spätsommer an einem schneckenfreien Ort aus. Denn die Schnecken lieben sie, und es gibt nichts Schlimmeres, als die Schnecken die kleinen Pflänzchen fressen zu lassen, die man seit Monaten gehegt und gepflegt hat.

Nichtsdestotrotz werden sie wahrscheinlich im folgenden Sommer wieder blühen. *Echinacea* mag es nicht, eingeklemmt zu werden. Sie braucht viel Platz im Gartenbeet, und sie genießt die pralle Sonne.

Die Gattung *Rudbeckia* umfasst viele verschiedene Varianten. Bisher hatte ich die Sorte 'Sahara', wobei die Pflanzen aus demselben Samentütchen endlos variieren können.

Aufgrund der milden Winter haben die Pflanzen in meinem Garten zwei Jahre hintereinander überwintert. 'Sahara' hält sich in Blumensträußen nicht besonders lang. Rechnen Sie höchstens mit einem Vasenleben von drei bis vier Tagen. Die Pflanzen eignen sich am besten für aktuelle Blumensträuße, ebenso wie für Partys und Hochzeiten, bei denen sie wirklich nur an diesem einen Tag glänzen müssen. Ich werde das Sortiment von *Rudbeckia* in Zukunft erweitern, da ich mich an all den wunderbaren Sorten nicht sattsehen kann.

Der Strauß zeigt Rudbeckia 'Sahara' (von Rot bis Gelb), weißes Löwenmaul, weißes Schmuckkörbchen, Zinnie 'Queen Lime Orange', limettenfarbenen Ziertabak, Skabiose 'Burgundy Bonnet' und Fontänengras.

Unter die Sonnenhüte hat sich auch eine einzelne Gazanie (Gazania) eingeschlichen: die orangefarbene Blume mit den gelben Rändern an der Außenseite.

Fenchel ***(Foeniculum vulgare)***
Darf ich Ihnen den König unter den Doldenblütlern präsentieren? Fenchel ist meiner Meinung nach der Star in der Welt der Doldenblütler. Er duftet herrlich, bildet den ganzen Sommer über fantastische gelbe Dolden, kommt Jahr für Jahr wieder und ist einfach ein prächtiger Bestandteil sowohl großer als auch kleiner Blumensträuße.

Beschaffen Sie sich etwas Saatgut, am besten Biosamen von Knollenfenchel. Säen Sie von Anfang an in separaten Zellen, aber bedenken Sie, dass jede Pflanze viel Platz im Gartenbeet einnimmt. Wenn Sie dem weißen, knackigen Gemüse nicht widerstehen können, dann säen Sie einige mehr, als Sie brauchen, und lassen Sie sie in die Höhe schießen. Dies führt zur Bildung von Samenständen, die außerordentlich gut in Blumensträußen verwendbar sind. Jedes Mal, wenn Sie eine Dolde abschneiden, bildet die Pflanze eine neue, schließlich ist sie darauf programmiert, ihr Überleben zu sichern. Dieser genetische Code wohnt vielen Pflanzen inne und zählt an sich schon zu den vielen Wundern des Lebens.

Prachtkerze, Gaura *(Oenothera lindheimeri)*

Die entzückende Gaura, wie sie oft genannt wird, strotzt nur so vor Romantik. Sie blüht zart und leicht, ist besonders schön als Beiwerk und sorgt für eine leicht wilde Note im Blumenstrauß, ähnlich wie Gräser und Schleierkraut.

Ich bin ein Fan der Prachtkerze. Eine einzelne Pflanze kann sehr groß werden und benötigt daher in irgendeiner Form eine Stütze. Da sie sich sehr stark verzweigt, knickt sie leicht um, liefert aber auch sehr viel Material für Blumensträuße. Wenn Sie sehr lange Stiele heranzüchten möchten, muss die Pflanze an Stöcken oder dergleichen angebunden werden. Gaura blüht erst im Spätsommer.

Im Strauß zu sehen sind Gladiole, Goldrute, Fenchel, rote Gartenmelde und Gaura.

Schafgarbe ***(Achillea millefolium)***
Die Schafgarbe blüht und blüht, je mehr Sie sie schneiden. Ich säe sie jedes Jahr im Januar. Die bezaubernde Schafgarbe, die mit ihren Dolden jedem Blumenstrauß Fülle verleiht und so aufrecht und schön im Garten steht, liebe ich sehr.

Die frühe Saat bedeutet gleichzeitig, dass sie in den Monaten Februar und März, wenn die Tage noch kurz sind, zusätzliches Licht benötigt. Aber sie verdient ihren Platz im Garten, deshalb scheue ich keine Mühen. Wenn sie so früh gesät wird, blüht sie bereits im Sommer desselben Jahres.

Der Brautstrauß rechts enthält Schafgarbe, Doldenblüten, Sterndolde, Blaue Rasselblume, Langblättrigen Ehrenpreis, weiße Pfingstrose, weißes Löwenmaul, Wollziest und Gräser.

Tipp

Wenn Sie die Schafgarbe etwas zu früh pflücken und sie dann den Kopf hängen lässt, schneiden Sie den Stiel mit einem Messer schräg ab und stellen Sie ihn danach zehn Sekunden lang in sehr heißes Wasser. Dadurch erholt sie sich oft wieder. Am besten warten Sie immer so lange ab, bis die Blume reif und pflückbereit ist.

ACHTUNG! Bei empfindlicher Haut tragen Sie besser Handschuhe, wenn Sie die Blätter vom Stiel entfernen. Das Schafgarbensekret kann die Haut reizen.

Lupine (*Lupinus*)

Lupinen gedeihen am besten in Böden, die nicht allzu gut sind. Sie gelten sogar als Bodenverbesserer und kommen daher auch in Gründüngungsmischungen vor. Die Pflanzen lockern beispielsweise den Boden mit ihren langen Wurzeln und binden Stickstoff. Zerkleinert und gemahlen sind sie als Dünger für den ökologischen Landbau zugelassen.

Manche Menschen scheuen sich davor, Lupinen in ihrem Garten einzuführen, da sie als invasive Arten gelten, sich also mitunter unangemessen ausbreiten und andere Pflanzen verdrängen. Meine Lupinen haben sich jedoch (leider!) überhaupt nicht selbst gesät. Um eine Ausbreitung zu verhindern und eine zweite Blüte auszulösen, schneiden Sie am besten die Blütenrispen nach dem Verblühen ab.

Auf Mangholm gibt es glücklicherweise ein Feld, auf dem die Lupinen wild wachsen. Dort darf ich sie zu Beginn des Sommers für die vielen Wildblumensträuße nach Herzenslust pflücken. Ich liebe diese Spaziergänge weit hinaus in die Felder. Es ist die einzige Zeit im Jahr, wo ich Zeit habe, bis an die Außengrenzen von Mangholm zu gelangen.

Sterndolde *(Astrantia major)*

Die Sterndolde ist sehr beliebt, aber man benötigt viele Pflanzen, wenn man sie in Blumensträußen verwenden möchte. Sie kann sich durch Selbstaussaat vermehren, das hilft ein wenig. Sterndolden sind in vielen Varianten erhältlich. Wählen Sie die, die Ihnen am besten zusagen.

Für die Keimung wird die Sterndolde im Herbst in einem Gewächshaus oder im Freien angesetzt und im Februar oder März ins Haus genommen, wodurch die Keimung beschleunigt wird. Pikieren Sie sie in Einzeltöpfe und lassen Sie sie etwas mehr wachsen, bevor Sie sie – normalerweise im Spätsommer – ins Beet pflanzen.

Dei Sterndolden werden im folgenden Sommer oder im Sommer danach wieder blühen.

Der Brautstrauß umfasst weiße Pfingstrose, orangefarbene und rosa Ranunkeln, Margerite, Schafgarbe, Sterndolde, Frauenmantel, rosa Löwenmaul, Wilde Möhre 'Dara', Schleierkraut, Gräser und Acker-Hellerkraut.

Katzenminze (*Nepeta faassenii*)
Die Katzenminze eignet sich hervorragend als fülliges Beiwerk für Blumensträuße. Sie blüht und blüht, hält schön in der Vase und hat einen angenehmen Duft. 2018 erhielt ich fünf kleine Pflanzen, die zu dem unten gezeigten Riesengewächs geworden sind und nun wieder in mehrere Pflanzen unterteilt werden können. Viele Stauden profitieren davon, geteilt und neu gepflanzt zu werden. Mit ein paar Pflanzen zu Beginn können Sie also mit der Zeit ein volles Beet mit schönem und stabilem Pflückmaterial bekommen. Ich selbst habe noch nie Katzenminze gesät, empfehle sie aber trotzdem für Ihre Gartenbeete.

Tipp
Wenn die Katzenminze Samen bildet (die Blüten werden dann braun), schneiden Sie sie bis auf zehn Zentimeter zurück. Etwas Kompost oder Brennnesseljauche hinzufügen und gut wässern, dann wird die Pflanze später im Sommer erneut blühen.

Mazedonische Witwenblume *(Knautia macedonica)*
2017 habe ich erstmals Mazedonische Witwenblumen ausgesät. Sie keimen sehr gut, wachsen schnell und blühen lange im Sommer mit schönen burgunderfarbenen Köpfen. Die Pflanze wirft viele Samen um sich herum ab, wenn Sie sie über den Winter mit den Samenständen stehen lassen. Die Blumen, die Sie nicht pflücken, sollten Sie zurückschneiden, wenn sie braun werden und in Samen übergehen. Ein Rückschnitt nach der ersten Blüte auf zehn Zentimeter sorgt für eine weitere Blüte etwas später im Sommer.

Ich züchte verschiedene Arten von Witwenblumen, da sie sowohl als Einjährige als auch als Stauden in vielen Farben und Wuchshöhen zu finden sind. Mein Vorschlag an Sie: Schauen Sie sich in Baumschulen, botanischen Gärten oder Samenkatalogen um und wählen Sie jene Pflanzen, die hinsichtlich Farbe und Wuchshöhe zu Ihren Beeten passen.

Der Strauß besteht aus Spargelblättern, Fenchel, weißem und rosa Schmuckkörbchen, Dahlie 'Evelyn', Fontänengras und Zimtbasilikum.

GRÜNES

Spargel *(Asparagus officinalis)*
Ich mag das luftige Laub der Spargelpflanze sehr und verwende es mit Vorliebe für erlesene Blumensträuße. Da meine Pflanzen noch nicht genug Laub produzieren, gehe ich sparsam mit der Ernte um und verwende sie nur für besondere Gelegenheiten.

Ich kaufe die Spargelpflanzen als wurzelnackte Zweijährige. Leider war der Kauf ökologischer Pflanzen bislang noch nicht möglich, daher habe ich eine Ausnahmegenehmigung für die Verwendung herkömmlicher Pflanzen beantragt. Da ich sie ohne Erde erhalten habe, wurde dies bewilligt.

Wenn man im Frühjahr Spargel pflanzt, gräbt man zwei tiefe Furchen dicht nebeneinander, wobei man jede Pflanze mittig auf einen kleinen Hügel zwischen den Furchen setzt. Die langen Wurzeln sollten sternförmig ausgebreitet werden, sodass sie seitlich am Hügel herabhängen, bevor man sie mit Erde bedeckt. Achten Sie darauf, dass der Hügel so hoch ist, dass sich die Wurzeln vollständig nach unten erstrecken können. Der Boden sollte vorzugsweise mit grobem Sand und Kompost gemischt werden und kann eine Bodenbedeckung aus Seetang, aus dem das Salz herausgespült wurde, gut vertragen. Seetang hat viele gute Eigenschaften, und besonders die Spargelpflanzen lieben Seetang, da er Unkraut vorbeugt und die Pflanzen nährt. Spargel mag es auch, im Sommer ein wenig mit Brennnesseljauche gewässert zu werden.

Himbeere *(Rubus idaeus)*

Himbeeren sind in meinem Garten absolut unverzichtbar. Ihr Blattwerk fungiert in fast allen meinen Blumenarrangements als grüner Farbtupfer, doch meistens verwende ich nur einen einzigen Zweig in einem Strauß in Standardgröße.

Ich habe gelbe Himbeeren, die jedes Frühjahr zurückgeschnitten werden und danach mit vielen neuen Wurzeltrieben neu sprießen. Für ein Himbeerbeet brauchen Sie viel Platz an einem sonnigen Ort, an dem sie sich ausbreiten können. Dann werden Sie mit viel Grün für Ihre Blumensträuße belohnt werden – und außerdem auch mit vielen Beeren den ganzen Sommer über.

Denken Sie daran, den Pflanzen im Frühjahr eine gute Portion Kompost zu gönnen.

Der Strauß besteht aus Purpur-Sonnenhut, Rauem Sonnenhut, Goldrute, Großem Schuppenkopf, Roter Gartenmelde, Fontänengras, Langblättrigem Ehrenpreis und Berufkräutern.

Wermutkraut ***(Artemisia absinthium)***

Mein Wermutkraut stammt von Stecklingen einer großen Mutterpflanze, die ich von Jens Juhl erhalten habe. Die Sorte heißt 'Cola'. Im Spätsommer habe ich die Stecklinge in passender Länge abgeschnitten, die unteren Blätter entfernt und sie ins Wasser gestellt. Sie schlagen schnell Wurzeln und können im Frühjahr in Töpfe oder direkt ins Freiland gepflanzt werden. In nur einer Saison wird Wermut zu einer ziemlich großen und fülligen Pflanze, die Sie als grünes Beiwerk für Blumensträuße nutzen können. Das Kraut verströmt einen besonderen Duft und hält sich gut in der Vase. Es wird übrigens auch verwendet, um Schnaps geschmacklich zu verfeinern.

Eukalyptus ***(Eucalyptus gunnii)***

Falls sie nicht zurückgeschnitten werden, so können die Eukalyptuspflanzen in nur einer Saison ungefähr so groß werden wie auf dem obigen Bild.

Die hier gezeigten Pflanzen wurden im Februar/März gesät und befanden sich den Sommer über im Gewächshaus. Sie kamen darin auch gut über den milden Winter. Jetzt im Frühling werde ich sie direkt in den Boden einsetzen. Die Pflanzen sollten im Freien überwintern können, aber solange sie noch jung sind, bin ich lieber vorsichtig und gewähre ihnen im Gewächshaus Schutz vor der Kälte.

Der Anbau von Eukalyptus ist neu für mich, aber ich denke, mit meiner Vorgehensweise wachsen die Pflanzen besser und werden mir mehr Schnittmaterial für Blumensträuße liefern. Um viel ernten zu können, sind natürlich zahlreiche Pflanzen nötig. Die geschnittenen Zweige eignen sich gut zum Trocknen, sie behalten sogar ihre schöne graugrüne Farbe.

KRÄUTER

Korianderblüten ***(Coriandrum sativum)*****, Petersilienblätter** ***(Petroselinum crispum)*****, Minzblüten** ***(Lamiaceae)*****, Oregano** ***(Origanum vulgare)*** **und Salbei** ***(Salvia officinalis)***

Es gibt viele Kräuter, die sich hervorragend als grüne Ergänzung in Blumensträußen eignen, und ich liebe sie alle. Sie verströmen nicht nur einen wundervollen Duft, sondern verleihen einem Bukett auch eine etwas andere Note als die, die Sie vom Floristen kennen.

Ich säe jedes Jahr Koriander. Die Sorte 'Filtro' eignet sich gut zum Schnitt, da sie groß wird. Selbst wenn die Pflanze schon grüne Samen gebildet hat, wertet sie einen Strauß optisch auf.

Petersilie bildet im zweiten Jahr nach der Aussaat Blüten. Solange ihr Samenstand grün ist, macht sie sich hervorragend in Sträußen. Sie ähnelt im Aussehen den Samenständen der meisten anderen Doldenblütler.

Minzblüten eignen sich ebenfalls gut für Blumensträuße. Da es viele verschiedene Sorten auf dem Markt gibt, wählen Sie eine oder zwei aus, die Sie auch gern essen, damit Sie möglichst viel von der Pflanze haben. Meine Empfehlung ist Lavendelminze, die auch als Biopflanze erhältlich ist. Bestimmte Minzarten können stark wuchern. Wenn Sie dies vermeiden möchten, setzen Sie sie in große Töpfe oder Kübel, um sie in Zaum zu halten.

Minzblüten sind normalerweise lila und ähneln der Blüte von Anis-Ysop, doch sie haben kleinere Blätter und eignen sich daher gut als grüne Ergänzung für den Strauß. Die Minzstiele profitieren von einem langen Schnitt. Bevor Sie sie für Blumensträuße verwenden, rollen Sie sie in feuchtes Papier ein und lassen Sie sie für einige Zeit an einem kühlen Ort kaltes Wasser ziehen.

Auch Oregano ist in meinen Blumensträußen unverzichtbar. Er blüht hübsch und breitet sich mit Wurzelstöcken aus. Wenn die Stängel zu lang und zu dünn und die Blüten braun werden, schneide ich die Pflanze zurück, damit sie im Spätsommer noch einmal blüht.

Salbei mit seinen gräulichen Blättern ist in Dekorationen und kurzen Sträußen ein interessanter Blickfang. Es gibt unzählige Salbeisorten, also lassen Sie Ihre Nase entscheiden, welche Ihnen am besten gefallen.

Koriander 'Filtro' sieht sehr hübsch aus, wenn er blüht oder die ersten grünen Samenstände zeigt.

Basilikum *(Ocimum basilicum)*
Ich liebe essbare Pflanzen als Elemente in meinen Blumensträußen. Vor allem, wenn sie so gut duften wie Basilikum. Es gibt einige Sorten, die sich ganz besonders als Beiwerk für Buketts eignen, beispielsweise Zimtbasilikum (*Ocimum basilicum* 'Cinnamon') und Zitronenbasilikum (*Ocimum basilicum* 'Citriodorum'). Diese Sorten ziehe ich im April/Mai im Haus vor und stelle sie im Juni/Juli in das Gewächshaus oder den Tunnel, da sie Wärme lieben. Sie müssen oft gewässert werden. Den Pflanzen sieht man es sehr deutlich an, wenn sie durstig sind. Man kann sie auch in Töpfen in den Garten stellen, dann aber jeweils nur eine oder sehr wenige Pflanzen pro Topf. Wenn das Basilikum mit viel Wärme und Wasser gepflegt wird, kann es sich zu einem üppigen Busch mit großen Blättern auswachsen.

Basilikum gehört auch zu den Pflanzen, die sich verzweigen, wenn sie bei einer Größe von rund sieben bis zehn Zentimetern oben abgeklemmt werden. Ziel ist, eine Pflanze mit vielen Seitentrieben zu bekommen, anstatt die Pflanze groß, lang und dünn werden zu lassen.

Nachdem das Basilikum im warmen Tunnel reich geblüht hat, neigen die Blätter möglicherweise zu Mehltau. Dann reiße ich die Pflanzen aus, sammle alle Blätter ein, um Ansteckungen zu vermeiden, bedanke mich und verteile meine Liebe jetzt auf alle anderen gesunden Pflanzen im Garten. So ist das mit einigen Pflanzen. Man kann sie für eine Weile genießen, aber dann ist es vorbei. Die befallenen Pflanzen sollten Sie aus dem Garten entfernen und nicht auf den Kompost werfen.

ZIERGRÄSER

Ich baue viele verschiedene Gräser an und kombiniere sie in meinen Beeten mit Stauden. Etliche Gräser kaufe ich, aber daneben säe ich zahlreiche mehrjährige Gräser auch selbst aus. Jedes Jahr baue ich beispielsweise einjähriges Japanisches Federborstengras *(Pennisetum alopecuroides)* an. Es ist überaus keimbereit und bildet hübsche Samenstände, die sich sehr gut für Blumensträuße eignen. Das duftige Gras, das sich ganz unkompliziert durch Selbstaussaat vermehrt, ist wunderschön und verleiht jedem Strauß eine feminine Note.

Ebenso säe ich jedes Jahr Samtgras *(Lagurus ovatus)* und Weißes Lampenputzergras *(Pennisetum villosum)* aus. Daneben verwende ich auch Weizen, Hafer und Roggen von den ökologischen Feldern meines lieben Bauern.

Als Ergänzung pflücke ich zusätzlich noch wilde Grasarten, die ich zufällig am Wegesrand finde, und kombiniere sie manchmal mit einjähriger Kolbenhirse *(Setaria italica)*.

Folgende Staudengräser empfehle ich Ihnen für den Anbau im Garten:

- Ruten-Hirse *(Panicum virgatum)*, leicht zu säen
- Gartensandrohr *(Calamagrostis acutiflora)*
- Plattährengras *(Chasmanthium latifolium)*
- Pampasgras *(Cortaderia selloana)*
- Blaugrünes Schillergras *(Koeleria glauca)*

Der Strauß zeigt roten Ziertabak, Wachsblume, Oregano und Gräser.

BLUMEN ZUM TROCKNEN

Da in Dänemark die Freilandsaison für Blumen nur kurz ist, versuche ich, sie mit Arten und Sorten zu verlängern, die sich gut trocknen lassen. Auch Sie können sich solche Pflanzen in den Garten setzen, denn auf diese Weise haben Sie im Winter mannigfach Material für Blumensträuße, Dekorationen und Kränze zur Verfügung. Diese können Sie für sich anfertigen oder an Freunde und Bekannte verschenken oder sogar auf einem für Freunde und Familie veranstalteten Weihnachtsmarkt anbieten.

Ich pflanze verschiedene Sorten von Geflügeltem Strandflieder, Strohblumen, Sonnenflügel sowie Gräsern und Schleierkraut an, die ich auf dem Dachboden trockne.

Riesenstrohblumen müssen gepflückt und zum Trocknen aufgehängt werden, bevor sie sich in der Mitte geöffnet haben, also bevor Sie die gelbe Mitte sehen können. Pflücken Sie sie, wenn die Knospen gerade dabei sind, sich zu öffnen. Während des Trocknens werden sie dann vollständig erblühen.

Beim Trocknen von Blumen sollten alle Blätter vom Stiel entfernt werden, damit der Strauß besser aussieht. Sie haben ja kein Interesse an den getrockneten Blättern, sondern an den Blumen. Dies wirbelt auch weniger Staub auf, wenn Sie die Blumen im Herbst verwenden.

Hängen Sie die Stiele einige Wochen bis Monate zum Trocknen vorzugsweise an einem dunklen, trockenen und warmen Ort kopfüber auf. Danach sammeln Sie die Blumen in Eimern und lagern Sie sie bis zur Verwendung an einem trockenen Platz, bevor sich Feuchtigkeit absetzt. Feuchtigkeit bedeutet nämlich, dass die Blumen leicht schimmeln können, und das wäre nach all den vielen Stunden an Arbeit, die Sie bereits investiert haben, jammerschade.

Tipp

Sie erhalten zweimal Blumen in einer Saison, wenn Sie Samen zu unterschiedlichen Zeiten vorziehen: Säen Sie erstmals im März und pflanzen Sie im Mai aus. Im Juni/Juli ernten Sie. Dann im April/Mai/Juni säen, im Juni/Juli auspflanzen und ein weiteres Mal Blumen ernten. Neuen Kompost hinzufügen, wenn Sie im selben Beet pflanzen.

WILDBLUMEN

Wenn Sie Ihre selbst angepflanzten Blumen für Ihre Sträuße verwenden, können Sie diese auch mit Wildblumen aus der freien Natur ergänzen. Machen Sie sich jedoch vor dem Pflücken mit den giftigen Pflanzen vertraut und probieren Sie unbedingt aus, wie lange sich die Wildblumen in der Vase halten, bevor Sie Blumensträuße für andere Leute herstellen.

Die Blumen sollen nicht zu schnell verwelken, wozu einige der Wildblumen neigen können. Ich selbst sammle gern Wildblumen und verwende neben Lupinen und Gräsern die Doldenblüten von Wiesen-Kerbel und Wilder Möhre.

Außerdem empfehle ich Rainfarn *(Tanacetum vulgare)*, Riesen-Goldrute *(Solidago gigantea)* und Kanadische Goldrute *(Solidago canadensis)* als Ergänzung. Ich liebe die sommergelbe Farbe, die die Goldruten in die Vase bringen. Seien Sie jedoch vorsichtig, wenn Sie getrocknete Goldrute in Ihren Garten holen, da sich die Samen möglicherweise unverhältnismäßig stark ausbreiten. Die Pflanze gilt als invasive Art. Sie wächst an vielen Orten wild, an denen man sie auch pflücken darf.

Im Strauß enthalten sind Goldrute kombiniert mit Zinnie, Schmuckkörbchen, Fenchel, Sonnenhut, Dahlie und Fontänengras.

Der Strauß besteht aus Sonnenhut, Roter Gartenmelde, Wilder Möhre, Grünem Amarant, Goldrute, Gladiole und Abessinischer Gladiole.

Flieder ***(Syringa vulgaris)***
Ich liebe den Duft von Flieder. Zum Glück kenne ich einen Ort, an dem ich viel pflücken kann und an dem die Bäume nicht gespritzt werden. Das werden sie normalerweise auch in privaten Gärten nicht.

Ich pflücke Flieder, bevor er zur Hälfte erblüht ist, entferne die Blätter von den Stielen und schneide die Stiele der Länge nach ein. Anschließend stelle ich sie einige Stunden lang in sehr heißes Wasser, bevor ich den Flieder in Blumensträußen arrangiere.

Rapspflanzen ***(Brassica napus)***
Raps wachst oft wild am Wegesrand, wo er sich vom Feld eines Bauern aus selbst ausgesät hat. Noch eine gelbe Blume, die beachtet werden will, aber ich finde, sie bringt Sonnenschein in jeden Strauß. Sie können Raps auch sehr leicht auf einem kleinen Stück Erde in Ihrem Garten säen, wenn Sie wie ich gelbe Blumen in Ihren Sträußen lieben.

KAPITEL 6

DAHLIEN, RANUNKELN UND KRONENANEMONEN

DAHLIEN/GEORGINEN *(DAHLIA)*

Für mich sind Dahlien – oder Georginen, wie sie auch genannt werden – so bezaubernd, dass ich sie in diesem Kapitel ausführlich behandeln möchte. Daneben geht es aber auch noch um Ranunkeln und Kronenanemonen.

Dahlien stammen aus dem Hochland von Mexiko, wo sowohl Mensch als auch Tier die Knollen angeblich wie eine Art Kartoffel gegessen haben sollen. Den Gedanken, dass diese Schönheiten auch eine andere Funktion haben könnten, als nur hübsch zu sein, finde ich lustig.

Dahlien gibt es in vielen Sorten mit verschiedenen Formen und Farben. Sie werden je nach Aussehen in mehrere Gruppen eingeteilt. Einige sehen aus wie eine Seerose, andere wie ein Kaktus, und wieder andere wie eine perfekte, runde Kugel. Dahlien können auch unterschiedlich hoch werden. Dieses Wissen ist hilfreich bei der Zusammenstellung eines Beetes oder beim Graben von Löchern für diese Stauden. Pflanzenproduzenten geben immer die endgültige Wuchshöhe an. Glücklicherweise verkaufen immer mehr Händler Bioknollen. Dies ist vorteilhaft, wenn Sie vermeiden wollen, dass die Blumen zuvor mit Kunstdünger angebaut wurden.

Sollten Sie viele Schnecken im Garten haben, können diese eine Herausforderung sein, besonders für die kleinen Pflänzchen, da die Schnecken sie lieben. Sie fressen sowohl Blätter als auch Blüten, daher ist es ratsam, frühzeitig gegen die Schnecken vorzugehen, wenn Sie schöne Dahlien im Garten haben möchten.

Man kann die Dahlien Jahr für Jahr aus derselben Knolle wachsen lassen, wenn man sich die Mühe macht und sie sorgsam pflegt. Ich kenne Geschichten von Hobbygärtnern, die einmal von ihren Großeltern geerbte Knollen immer noch am Leben erhalten. Kümmern Sie sich also um die, die Ihnen am Herzen liegen, und vermehren Sie die Pflanzen jedes Jahr durch Knollenteilung. Warum nicht noch ein weiteres Stück Rasen für den Blumenanbau opfern? Wenn Sie zu viele Pflanzen haben, verkaufen oder verschenken Sie sie.

Die Knollen sollten vor dem ersten Nachtfrost aus der Erde genommen werden und in einem kühlen, frostfreien Raum überwintern. Im Frühjahr werden sie wieder hervorgeholt und beginnen alsbald, kleine, grüne Triebe zu bilden, wenn es wärmer und heller wird. Die Knollen können Sie in mehrere Stücke abteilen, um weitere Pflanzen von derselben Mutterpflanze zu erhalten. Oder Sie schneiden die ersten Triebe ab und setzen sie neu, dadurch wird die Vermehrungsrate noch erhöht (Stecklingsvermehrung). Die neuen Pflanzen sehen dann sicher wie die Mutterpflanze aus.

Manchen Gartenliebhabern macht es Spaß, im Frühjahr Samen zu sammeln und Dahlien zu säen. Die Pflanze schafft es, noch im selben Sommer zu blühen und eine neue Knolle zu bilden. Da aber die Blume nicht samenstabil ist, können Sie nicht sicher sein, wie sie aussehen wird. Aus ein- und demselben Samenstand, der vielleicht zehn Samen oder mehr ergeben kann, können zehn unterschiedliche Pflanzen entstehen. Das ist amüsant, wenn man experimentieren und sich überraschen lassen möchte.

Ich habe immer noch Knollen von ausgesäten Pflanzen, die völlig anders aussehen als die, die man im Handel bekommt. Aber meist kaufe ich jedes Jahr neue Knollen. Warum, wenn ich doch schon 800 habe? Weil ich einfach nicht anders kann, als neue Sorten auszuprobieren. Die meisten Dahlienliebhaber werden in Anbetracht dieses etwas unlogischen Verhaltens verständnisvoll nicken. Still und leise werden die Dahlien zu einer guten, altmodischen Macke, die einem sowohl körperlich als auch geistig einiges abverlangt. Ich beschreibe Ihnen einmal, wie das jedes Jahr bei mir abläuft.

Bereits im Herbst lege ich ein paar Knollen beiseite, die ich durch Stecklinge vermehren möchte. Im Februar beginne ich, die Knollen im Haus in der Wärme vorzuziehen. Die ersten grünen Triebe, die sich zeigen, schneide ich vorsichtig ab, setze sie in einen Topf und halte sie gleichmäßig feucht, damit sich Wurzeln bilden. Die Stecklinge können dann zusammen mit den Knollen ausgepflanzt werden. So lassen sich für einen höheren Bestand neue Pflanzen herstellen, die hundertprozentig mit der Mutterpflanze identisch sind.

Die meisten Knollen pflanze ich zwischen Anfang Mai und Anfang Juni direkt in den Erdboden. Man kann die Knollen auch einzeln in Töpfen vorziehen und auspflanzen, nachdem sie bereits im Haus grüne Triebe hervorgebracht haben. Dadurch bekommen die Pflanzen ein paar Wochen früher Blütenknospen. Weil ich so viele Knollen habe, überspringe ich das Einpflanzen in Einzeltöpfe. Ich grabe einfach die Löcher und setze die Knollen ohne Vorkultur hinein. Einige von ihnen zeigen noch keine Lebenszeichen, aber das wird sich bald darauf ändern – umgeben von einem feuchten Milieu, eingeschlossen in einem Nährstoffpaket und mit einer Blumenbäuerin, die mehrmals pro Woche wässert. Es dauert etwa zweieinhalb Monate bis zur Blüte.

Dahlia 'Break Out'

TEILEN DER KNOLLEN

Eine große Knolle kann in mehrere Stücke geteilt werden. Zu beachten ist nur, dass jede neue Knolle ein „Auge" und einen Hals haben muss, aus dem sie Triebe bilden kann. Die Knollen schneidet man mit einer sauberen Schere oder einem sauberen Messer durch. Eine „erwachsene" Knolle kann normalerweise vier bis sechs neue Pflanzen produzieren und sie profitiert sogar von der Teilung. Interessanterweise bilden Dahlien nicht noch mehr Blüten aus, wenn man sie nicht teilt, sondern im Gegenteil: Die Pflanzen können Schwierigkeiten mit ihrer Größe bekommen, sodass sie spärlicher blühen. Also teilen Sie sie lieber. Manchmal fällt eine Knolle sogar ganz von selbst leicht auseinander. Bestimmte Arten bilden neue Pflanzen um sich herum, die sich miteinander verflechten. Schneiden Sie sie ruhig durch, das schadet ihnen nicht.

Sie können die Knollen entweder frostfrei im Haus vorziehen oder gleich direkt ins Freiland auspflanzen. Aber Vorsicht: Vor Mitte Mai besteht möglicherweise immer noch die Gefahr von Nachtfrost. Daher kann es sinnvoll sein, die Beete mit Vlies zu bedecken – zumindest wenn in Ihrer Region Nachtfrost vorhergesagt wird. Vlies schützt vor leichten Minustemperaturen und hält die Wärme im Boden.

Falls Sie die Knollen im Haus vorziehen, reicht es, nur den unteren Teil in feuchte Erde zu stecken. Die Stelle, an der das „Auge" zu sehen ist, muss herausschauen. Nach einigen Wochen wird die Pflanze mit einem grünen Trieb antworten, den Sie knapp über dem ersten Blattpaar abschneiden, in feuchte Erde stecken und ab und zu wässern können – der Trieb darf keinesfalls austrocknen. Jetzt wird der Steckling hoffentlich Wurzeln schlagen, und Sie haben eine neue Pflanze, die Sie ins Freiland auspflanzen können. Im Sommer wird sie dann schön blühen und bis zum Herbst hat sich dann schon eine neue Knolle gebildet.

Tipp

Sie können dem Topf mit dem Steckling auch einen Gefrierbeutel überstülpen, von dem Sie die Ecken abgeschnitten haben, die nun als kleine Atmungslöcher für die Pflanze fungieren. In die Ecken des Topfes gesteckte Grillspieße oder Ähnliches sorgen für Abstand zwischen dem Steckling und dem Beutel. Die geschlossene Umgebung speichert Feuchtigkeit und fördert die Wurzelbildung. Dies gilt grundsätzlich für jede Art von Stecklingsvermehrung. Der Topf sollte nicht in direktes Sonnenlicht gestellt werden. Sobald die Pflanze wächst, wird der Gefrierbeutel wieder entfernt.

AUSPFLANZEN DER KNOLLEN

Normalerweise grabe ich neun Löcher auf einen Quadratmeter, also drei Reihen mit je drei Pflanzen. In jedes Loch gebe ich eine kleine Handvoll Biodünger, eine Mischung aus ökologischem Hühnerdung in Pillenform und Lupinendünger. Dieser Mix passt meiner Erfahrung nach sehr gut. Andere organische Basisdünger sind ebenfalls verwendbar. Ich bekomme wunderschöne Dahlien, die eng beieinanderstehen und sich gegenseitig stützen, indem ich sie von Anfang an dünge und ihnen ein Nährstoffpaket mit auf die Reise gebe. Sie können Ihre Pflanzen auch durch Netze anbauen, die online gekauft werden können, mit Maschen von 15 x 15 Zentimetern. Das Netz schützt die Pflanzen vor Wind und starkem Regen, damit sie nicht knicken. Ich unterstütze auch mit Schnüren in Längsrichtung der Gartenwege. In meinen langen Reihen mit mehreren hundert Pflanzen, die leicht umkippen, reicht das meistens aus.

Kurz bevor ich die Knollen einpflanze, gieße ich die Löcher, damit die Knollen in eine feuchte Umgebung kommen. Das setzt das Wachstum in Gang und löst den Dünger im Loch auf.

Durch einen Trick wird die Pflanze veranlasst, mehr Blüten zu bilden – indem man sie knapp über einem Blattpaar abschneidet, wenn die Pflanze schon gut gewachsen ist (siehe Fotos unten in der Mitte und rechts). Dies führt an dieser Stelle zu Verzweigungen und zur Bildung von zwei Trieben anstelle von einem. Ich mache das konsequent mit allen meinen Pflanzen, und es funktioniert. Im Englischen heißt diese Maßnahme *pinching*. Auf Deutsch spricht man von „kneifen". Ich kneife und schneide also.

Viele Sommerblumen verhalten sich genauso, wenn Sie den oberen Teil abschneiden – die Folge sind mehr Blüten. Ich empfehle, die ersten Triebspitzen oder Blütenköpfe von Schmuckkörbchen, Zinnie, Basilikum und Amarant zu entfernen. Die Pflanze muss gut gewachsen sein und vor dem Abschneiden mindestens zwei oder drei Blätterpaare haben. Es kann auch sein, dass sich schon die erste Knospe in eine Blume verwandeln möchte, aber die müssen Sie entfernen.

Wenn die Pflanzen anfangen zu blühen, schneiden Sie einfach drauflos. Wie die meisten Blumen profitieren sie davon, oft geschnitten zu werden. Dann bilden sie neue Blüten, anstatt Energie für die Herstellung von Samen aufzuwenden. Wir wollen keine Samen bis zum Spätsommer, also entfernen Sie die Samenstände ein- oder mehrmals pro Woche. Gehen Sie das Beet alle drei Tage durch. Vielleicht kauft jemand Ihre Blumensträuße am Straßenrand, wenn Sie sie anbieten. Ansonsten genießen Sie sie einfach selbst in den Vasen oder verschenken Sie sie.

Meine Dahlien blühen von Anfang August bis zum Oktober, je nachdem, wann die erste kalte Nacht im Herbst eintritt. Die Pflanzen „sterben" mit dem ersten Nachtfrost – das heißt, das Grün über dem Erdboden tut das. Wenn Sie ein kleines Beet haben, lohnt es sich, bei bevorstehendem Nachtfrost die Pflanzen sorgfältig mit Vlies oder einem Laken zu bedecken. Wenn Sie Glück haben, können Sie die Pflanzen noch weitere Wochen am Leben erhalten.

Wenn ich „sterben" sage, meine ich nur die Blattmasse, die vergeht. Die Knolle ist noch intakt und kann ausgegraben werden. Danach wird das Grün abgeschnitten und die Knolle zum Trocknen gelegt. Normalerweise lege ich sie einige Wochen lang draußen unter einer Überdachung in Kisten mit Löchern, damit die Knollen vor der Einlagerung etwas austrocknen können, um Schimmelbildung vorzubeugen.

Bei angesagtem Nachtfrost werden die ausgegrabenen Knollen mit Kissen und Decken geschützt, falls sie noch draußen liegen.

Wenn Sie sich um Ihre Dahlien kümmern, also in Trockenperioden gießen und die Samenstände kontinuierlich entfernen, werden

Sie während der gesamten Saison mit wunderschönen Blüten belohnt werden.

Das Einzige, was Dahlien nicht mögen, sind wochenlanger Regen und starken Wind. Tatsächlich bevorzugen nur sehr wenige Blumen diese Form der Folter. Sie können den Blüten unmittelbar ansehen, dass sie Schaden genommen haben, und aufgrund der ständigen Feuchtigkeit von oben kann sich Schimmel bilden und in die Blumen eindringen.

Meine Dahlien wurden bisher nicht von Schädlingen geplagt, aber wie bereits erwähnt, will man ja gern vermeiden, dass sie von Schnecken gefressen werden. Wenn Blattläuse auftreten, empfehle ich, die Pflanze regelmäßig mit kaltem Wasser abzuspülen. Erfahrungsgemäß verschwinden die Läuse irgendwann.

Ich setze die Dahlien im folgenden Jahr an einer anderen Stelle, um eine Bodenermüdung zu vermeiden (siehe Fruchtfolge in Kapitel 3, Seite 70). In einigen Gärten sehe ich Blumen Jahr für Jahr an derselben Stelle wachsen, aber im ökologischen Landbau ist die Fruchtfolge eine der Methoden, um Krankheiten und Bodenermüdung vorzubeugen.

Wenn Sie Samenstände entfernen wollen, um die Pflanze zum Ansetzen neuer Blüten anzuregen, können Sie den Samenstand erkennen, indem Sie ihn befühlen – ist er weich und ein wenig feucht? Die Blütenknospe kurz vor der Blüte ist hart, und diese werden Sie natürlich nicht entfernen.

Tipp

Wenn Sie Blumensträuße verkaufen möchten, zählen Sie immer die Stiele pro Strauß, damit sie einheitlich sind. Das geht am einfachsten von unten.

KNOLLENAUSHUB UND WINTERLAGERUNG

Im Jahr 2019 hatte ich in meinen Beeten drei Reihen zu je 30 Meter und eine zusätzliche Reihe zu 20 Meter mit Dahlienknollen. Vielleicht können Sie sich vorstellen, dass es wirklich ein ordentliches Stück Arbeit ist, all diese Knollen einzeln auszugraben. Glücklicherweise konnte ich mit Pizza und einem gemütlichen Umtrunk einige Helfer anlocken – und so waren wir insgesamt sieben Personen und brauchten nur fünf Stunden, um alle Knollen auszubuddeln und zum Trocknen in Kisten zu legen.

Es gibt geteilte Meinungen darüber, ob die Knollen gewaschen werden sollten, bevor sie ins Winterlager gepackt werden oder nachdem sie von dort wieder herauskommen. Meiner Meinung nach ist das eine nicht besser als das andere. Ich packe sie weg, wenn noch etwas Erde an den Knollen hängt, um Austrocknung zu verhindern, falls es am Lagerort ein bisschen zu warm werden sollte.

Der Strauß enthält Ranunkel, Katzenminze, Mutterkraut, Rainfarn-Phazelie und Witwenblume.

RANUNKELN *(RANUNCULUS)* UND KRONENANEMONEN *(ANEMONE CORONARIA)*

Kronenanemonen und Ranunkeln sind einzigartig, da sie genau zu dem Zeitpunkt blühen – nämlich im Juni –, wenn möglicherweise einige Hauptblumen in einem Strauß fehlen. Es war mir leider noch nicht möglich, ökologisch gezogene Varianten dieser Pflanzen zu bekommen, aber ich hoffe darauf, dass sich das bald ändern wird. Zumindest hat es den Ranunkeln anscheinend ganz gut gefallen, unter den Bedingungen angebaut worden zu sein, die ich ihnen bieten konnte.

Die Knollen von Kronenanemonen und Ranunkeln müssen zunächst in Wasser eingeweicht werden, bevor sie in den Erdboden kommen. Sie können sie im Herbst oder Frühling in Vorkultur heranziehen, je nachdem, wie sehr Sie auf früh blühende Schönheiten bedacht sind, die Sie dann zuammen mit Tulpen in Ihren Blumensträußen kombinieren können. Wenn die Pflanzen schon sehr bald im Frühjahr blühen sollen, ziehen Sie sie im Herbst vor und stellen Sie sie vor Weihnachten ins Gewächshaus. Dann zeigen sie sich zeitig im Frühjahr, und kurz darauf können Sie die feinen Stiele für Frühlingssträuße pflücken.

Es gibt viele unterschiedliche Sorten dieser Pflanzen. Ich habe mich ganz bewusst für eine ausgesprochen große Auswahl entschieden und die Pflanzen von unterschidlichsten Produzenten gekauft.

Die Anemonen- und Ranunkelknollen werden normalerweise im Januar und Februar im Haus vorgezogen und im März/April ins Gewächshaus oder ins Freiland umgesetzt. Zunächst sollten sie allerdings mit einem Tuch bedeckt werden, damit sie vor Frost geschützt sind. Falls Sie erst später im Frühjahr mit der Vorkultur beginnen, blühen die Pflanzen entsprechend später.

Von der Auspflanzung bis zur Blüte sollten Sie mit ca. drei Monaten rechnen. Bei gestaffelter Vorkultur im Frühjahr und Auspflanzung in Abständen von einigen Wochen blühen die Blumen länger, und so haben Sie dann die Möglichkeit, sie über einen längeren Zeitraum zu genießen.

Hier im Bild oben links habe ich die Ranunkelknollen ungefähr zehn Stunden lang in Wasser eingeweicht – mit tropfendem Wasserhahn, da die Knollen neben Wasser auch Sauerstoff brauchen. Anschließend lege ich sie dicht an dicht in eine Box, bis sie Wurzeln schlagen und die ersten Blätter zeigen. Dann erst pflanze ich sie aus – die ersten Pflänzchen noch geschützt im Gewächshaus, ab März/April kommen sie dann aber direkt in die Gartenbeete und werden mit etwas Vlies bedeckt. Die Gewächse können leichte Kälte während der Vegetationsperiode vertragen. Eine glühend heiße Umgebung wie in einem Gewächshaus mitten im Sommer ist dagegen nicht optimal.

Jede Pflanze blüht zwischen zwei und vier Wochen und sollte vorzugsweise einen Abstand von 20 bis 25 Zentimetern zu den anderen Pflanzen im Beet haben. Das heißt, vier oder fünf Pflanzen passen in eine Reihe, die eine Breite von einem Meter hat.

Kronenanemonen finde ich tatsächlich etwas schwierig. Ich habe sie bisher nur in einer einzigen Saison angebaut, 2019, und stecke deshalb noch mitten in der Experimentierphase. Sie sind wunderschön, aber ich fürchte, ich muss erst noch herausfinden, wie ich sie zu einer höheren Blütenproduktion anregen kann. Zugegebenermaßen war ich etwas enttäuscht, dass sie so wenige Blüten trugen. Ich weiß zwar, dass die ersten Stängel ziemlich kurz sind, aber dann werden sie länger. Ebenso weiß ich, dass sie gepflückt werden müssen, bevor sie sich wie ein Sonnenschirm geöffnet haben, und dass sie von einem langen Anschnitt profitieren, um ihren Durst zu stillen.

In der Box im Bild oben in der Mitte sind eingeweichte Ranunkeln zu sehen, die bald austreiben werden. Und die grünen Blätter in der Box oben rechts gehören zu meinen Kronenanemonen, die ich kurz darauf in die Gartenbeete eingesetzt habe.

RECHTE SEITE:
Links oben: *Ranunkeln* 'Elegance Salmone', 'Elegance Pastello' *und* 'Elegance Rosa'.

Rechts oben: *Anemonen, die ich im März im Haus vorgezogen und im April in den Gewächshaustunnel eingepflanzt habe.*

Rechts unten: *Ranunkeln im Juni, die Vorkultur fand im März statt.*

Im Strauß enthalten sind die Kronenanemonen 'Mistral Plus', 'Grape', 'Rarity' und 'Azure' sowie die Ranunkeln 'Elegance Salmone' und 'Elegance Rosa'.

KAPITEL 7

LEITFADEN FÜR STRÄUSSE, GESTECKE UND KRÄNZE

STRÄUSSE AUS FRISCHEN BLUMEN DER SAISON

Wenn ich Blumen für ein Bukett pflücke, folge ich meiner Intuition. Es ist schwierig, dies näher zu erläutern, aber ich finde, dass ein Blumenstrauß eine sehr persönliche Angelegenheit ist. Was ich als schön empfinde, gefällt Ihnen womöglich überhaupt nicht. Achten Sie also nur auf sich und berücksichtigen Sie Ihren ganz persönlichen Geschmack bei der Auswahl der Blumen, die Sie anbauen und für Sträuße verwenden möchten.

Ich kann Ihnen einige Tipps zu meinen Blumensträußen geben, aber normalerweise sage ich den Teilnehmern meiner Blumenbinde-Workshops, dass es kein Richtig oder Falsch gibt. Ausgebildete Floristen werden hier wahrscheinlich anderer Meinung sein, doch ich scheine ein Beweis dafür zu sein, dass es in Ordnung ist, die „technischen Regeln" zu brechen und seinem eigenen Weg zu folgen, die Schlüsselwörter „Harmonie" und „Balance" dabei immer im Blick.

Seit vielen Jahren schon ist der kompakte Rokokostrauß in Mode und wird immer noch häufig für Brautsträuße verwendet. Heutzutage darf der Ausdruck gern lockerer sein, und das passt sehr gut zu meinem Temperament und meinen Blumen. Seien Sie experimentierfreudig und lassen Sie sich von diesem Buch inspirieren, damit Sie Ihren eigenen Stil finden.

Wenn ich ein Arrangement zusammenstelle, spiele ich mit den unterschiedlichsten Formen und Elementen. Nicht alle Blumen sollen gleich aussehen, sondern sie dürfen durchaus kräftig variieren. Als eine Art Blütenkerzen funktionieren zum Beispiel Patagonisches Eisenkraut, Anis-Ysop, Katzenminze oder Ysop. Für den duftigen Ausdruck sorgen Gräser, Doldenblütler, Gaura oder Schleierkraut. Das wichtige Blattwerk und einen kleinen Farbkontrast liefern beispielsweise Rainfarn-Phazelie oder Sterndolde. Himbeerzweige dienen meist als grünes Element.

Alle Blumen variieren je nach Jahreszeit, aber die Aufmerksamkeit ziehen die Hauptblumen – die Stars jedes Straußes – auf sich. Es müssen nicht viele sein und können etwa Pfingstrosen, Lilien, Margeriten, Dahlien, Zinnien, Schmuckkörbchen oder Sonnenblumen umfassen.

ANLEITUNG ZUM GESTALTEN EINES STRAUSSES

Stellen Sie sicher, dass die Blumen einige Stunden lang Wasser gezogen haben, bevor Sie mit Ihrer Kreation beginnen. Sie können den Blumenstrauß formen, indem Sie die Stiele in verschiedenen Höhen direkt in die Vase stecken – das heißt, Sie schaffen den Strauß direkt in der Vase, wobei Sie diese immer mal wieder drehen, um den Strauß zu begutachten. Oder aber Sie binden den Blumenstrauß in der Hand. Hierzu meine Tipps:

- Alle Stiele von Blättern befreien. Es dürfen keine Blätter unterhalb der Stelle sein, an der Sie die Blumen halten.
- Die Blumen auf den Tisch legen und sortieren, von jeder Sorte gern mehrere Stiele in ungerader Anzahl wie 1–3–5–7 verwenden.
- Zunächst drei Blumen über Kreuz legen, wobei die Stängel immer in dieselbe Richtung gekreuzt werden sollten. Normalerweise mache ich das nach links.
- Weiterhin mehrere Stängel in dieser Weise legen, dabei den Blumenstrauß etwas drehen und weitere Blumen spiralenartig hinzunehmen.
- Manche Stängel sollten etwas länger als andere sein, damit der Strauß eher wild und wie zufällig gestaltet aussieht. Das Bund nicht zu fest, sondern locker in der linken Hand zwischen Daumen und Zeigefinger halten.
- Zum Schluss ein paar Gräser an der Seite platzieren oder in die Mitte stecken, damit der Strauß ausgewogen ist. Wenn Sie Lücken sehen, stecken Sie mehr Blumen hinein.
- Schauen Sie sich den Blumenstrauß an. Ist er harmonisch? Soll etwas herausstechen – in der Mitte oder an der Seite? Jetzt legen Sie das endgültige Aussehen fest.
- Mit einer Schnur abbinden und die Stiele auf die gewünschte Länge kürzen.
- Zur Höhe: Beachten Sie bitte, dass der Strauß für die passenden Proportionen ca. eineinhalb Mal so groß wie die Vase sein sollte.
- Denken Sie daran: Übung macht den Meister. Wenn Sie nicht zufrieden sind, lösen Sie den Strauß einfach wieder auf und beginnen Sie noch einmal von vorn.

Der wilde Feldblumenstrauß im Juni

Der wilde Feldstrauß besteht aus Zutaten, die einen guten Eintopf ergeben würden. Ich denke häufig in Formen, und der Feldstrauß hat sein ganz eigenes „Rezept". Ich verwende folgende Blumen: Schleierkraut, weiße Pfingstrose, Acker-Hellerkraut, Wollziest, Rainfarn-Phazelie, Sterndolde, Baldrian und Gras.

Prachtarrangement im Spätsommer

In diesem üppigen Spätsommerstrauß werden folgende Blumen verwendet (von links): Ziertabak, Sonnenblume, Ziertabak, Dahlie, Großes Löwenmaul, Amarant, Strohblume, Dahlie, Fontänengras, Rote Gartenmelde und Dahlie.

Der bunte Hochsommerstrauß

Von links: Dahlie, Eisenkraut, einjährige Anden-Lupine, Fontänengras, Dahlie, Ziertabak, Anis-Ysop, Fenchel, Palmkohlblätter, zweifarbiges Ziergras und Amarant.

GESTECKE MIT FRISCHEN BLUMEN

Soll es ein Fest geben, dann darf auch kräftig gefeiert werden!

Man kann zu jedem festlichen Anlass mit einer üppigen Blumenkreation beeindrucken. Traditionell würde man für so ein Arrangement ein Stück Steckschaum benutzen. Aber für uns Umweltbewusste kommt Steckschaum nicht infrage, da er aus Mikroplastik besteht, das nicht abgebaut wird. Daher sollten wir ihn vermeiden. Sogar der „umweltfreundliche" Steckschaum auf dem Markt scheidet nachweislich Mikroplastik aus. Daher empfehle ich nicht, Produkte dieser Art zu verwenden, bevor sie nicht gründlich getestet wurden. Lesen Sie mehr zum Thema auf Instagram: @nofloralfoam.

Im Frühjahr 2018 nahm ich an einem Blumenarrangementkurs in London teil, wo ein besonderer Schwerpunkt auf der Blumenkünstlerin Constance Spry lag, die in den 1930er- und 1940er-Jahren in England lebte und Hoflieferantin des britischen Königshauses war. Constance Spry stellte ihre Blumenkreationen immer ohne Steckschaum her und kombinierte die Arrangements oft mit essbaren Elementen wie Kohl, Amarant und Beeren. Dieser Kurs war eine der besten Investitionen, die ich je getätigt habe. Es war unglaublich inspirierend, nach Unterweisung selbst üppige Blumengestecke kreieren zu können.

Ich möchte gern meine Vorgehensweise mit Ihnen teilen, da ich viele Dinge durch Ausprobieren, aber dank meiner Neugier auch von anderen gelernt habe. Auf den folgenden Seiten sehen Sie, wie ich ein Blumenarrangement aufbaue. Es ist mir wichtig zu betonen, dass es dabei kein Richtig und kein Falsch gibt, wenn Sie mit Blumen „spielen". Es gibt jedoch immer einige Richtlinien, von denen Sie sich inspirieren lassen können.

Hier stehe ich stolz neben meiner Arbeit in der London Flower School. Für das Blumenarrangement wurden ein Metallsteckigel und eine Kugel aus Sechseckgeflecht (Hühnerdraht) verwendet.

Frühlingsgesteck

In diesem Frühlingsgesteck habe ich ausschließlich Materialien verwendet, die ich draußen im Bauerngarten geholt habe. Der Glassteckigel, wie oben auf dem Foto zu sehen, war meine Basis, in die ich die Zweige und Blütenstiele hineingestellt habe. Die Schüssel ist mit Wasser gefüllt und mit Moos bedeckt.

Im Gesteck sehen Sie Schachblumen, Nieswurz, Schneeglöckchen und Zweige der Kätzchenweide *Salix* 'Mount Aso' mit rosafarbenen Blüten. Die grünen Elemente sind Salbei, Rosmarin, Thymian und Frühlingszweige kurz vor dem Öffnen der Knospen. Die Schüssel muss jeden Tag mit frischem Wasser aufgefüllt werden, damit das Gesteck fünf bis sieben Tage oder vielleicht sogar länger hält. Wenn Sie Ihre Sträuße und Gestecke nachts kühl stellen, verlängern Sie die Haltbarkeit.

Frühsommerarrangement

In dem roten Gesteck sehen Sie Buntnessel *(Coleus)*, Rosenpelargonie *(Pelargonium graveolens)* sowie grüne Blätter und Rosen aus dem Garten. Ich habe eine kleine Kugel aus Hühnerdraht geformt, die ich mehrere Male benutzen kann und die in der Schüssel als Ständer für die hineingesteckten Blumen dient. Die Kugel gibt den Stielen Halt und Unterstützung. So können Sie Blumen in der Mitte platzieren, ohne dass sie mit anderen Blumen in Kontakt kommen. Beginnen Sie am Rand, indem Sie den „Ständer" so abdecken, dass man ihn nicht mehr sehen kann, und arbeiten Sie sich nach innen zur Mitte hin vor. Spielen Sie dabei mit Formen und Farben und beachten Sie gleichzeitig auch die Höhe der verschiedenen Komponenten. Beobachten Sie, wie sich die Wirkung verändert, wenn Sie die einzelnen Elemente in der Mitte bzw. an der Seite des Gestecks platzieren.

Lassen Sie sich eventuell aus dem Internet inspirieren, werfen Sie einen Blick auf alte Blumengemälde des Goldenen Zeitalters oder suchen Sie nach „Constance Spry, flower arrangements". Das Wichtigste ist, dass man den Blumenhalter nicht sieht.

Das gelbe Gesteck habe ich in einer Vase arrangiert, in der sich ein altmodischer Steckigel befindet, nämlich eine Glaskugel mit Löchern zum Einsetzen der Blumen. Sie können auch einen Steckigel aus Metall verwenden. Das Gesteck muss jeden Tag mit sauberem, kaltem Wasser versorgt werden. Die Blumen umfassen wilde Gräser, Tulpen, Raps, Apfelbaumzweige, Hirtentäschel *(Capsella bursa-pastoris)* und Vielblütige Weißwurz *(Polygonatum multiflorum)*.

Hochsommerkreation

Das große Gesteck unten stellt ein Experiment dar. Es ist in einem Lehmklumpen arrangiert, der sich auch für Trockenblumendekorationen und -gestecke empfiehlt. Die Blumen müssen vor dem Arrangieren im Gesteck gut mit Wasser gesättigt sein, dann werden sie in der mit Hühnerdraht umspannten Lehmkugel angeordnet. Mit einem Grillspieß oder einem Bleistift steche ich zuerst ein paar Löcher hinein. Ein Arrangement mit frischen Blumen in Lehm wird nur einen Abend oder ein paar Tage halten, da der Lehm nicht genügend Feuchtigkeit an die Blumen abgeben kann.

Tatsächlich ist es angemessener, die Dekoration in einem tieferen Behältnis zu gestalten, wie beispielsweise einem Weinkühler oder dergleichen, wo sich Wasser im Inneren und der darüberliegende Hühnerdraht befinden, der als Halterung dient. Sie können möglicherweise einen Metallsteckigel für die größeren Zweige hineinsetzen.

Das Gesteck enthält folgende Elemente: Die grauen, flaumigen Blätter unten stammen vom Silbersalbei *(Salvia argentea)*, einer Staude, die ich vor einigen Jahren ausgesät habe. Außerdem sehen Sie Gartenhortensien, Dahlien, Rauen Sonnenhut *(Rudbeckia hirta)*, Fenchel, Amarant, Wiesenknopf *(Sanguisorba tenuifolia* 'Albiflora') und Gräser; die kleinen zarten violetten Punkte im Hintergrund gehören zum Purpurleinkraut *(Linaria purpurea)*.

Ein Gesteck ist immer nach den gleichen Prinzipien konzipiert, egal, ob es sich dabei um frische oder getrocknete Blumen handelt. Der einzige Unterschied besteht darin, dass bei getrockneten Blumen und Zweigen kein Wasser benötigt wird.

Rollen Sie ein Stück Hühnerdraht schräg zusammen, sodass die Drahtschichten jeweils etwas Abstand voneinander haben. Der Draht soll also keine kompakte Rolle formen, in der der Draht zwei- oder dreimal fest zusammengerollt wird, je nach Größe des Ständers. Die Schichten sollen vielmehr als Halterung innerhalb des Halters fungieren. Das heißt, das Sechseckgeflecht soll locker um sich selbst gerollt werden, damit sich in der Mitte eine Art Zylinder bildet.

Drehen Sie die Rolle an den Enden gut ein, bevor Sie sie in den Behälter für das Gesteck drücken. Verwenden Sie eventuell Klebeband, um sicherzustellen, dass die Halterung an Ort und Stelle bleibt. Beginnen Sie außen mit Zweigen und Blumen, sodass der Hühnerdraht verdeckt wird. Wählen Sie einige längere Zweige aus und bestimmen Sie die Form Ihrer Dekoration. Soll sie wellenartig, also an einem Ende höher und am anderen niedriger sein? Soll sie die Form einer Pyramide haben? Oder vielleicht S-förmig geschwungen sein oder wie die Silhouette eines Bootes aussehen?

Falls Sie sich für dieses Thema interessieren, finden Sie weitere Vorschläge im Internet, wenn Sie nach „basic flower arrangement styles" suchen.

Das Gesteck muss übrigens nicht komplett mit Blumen ausgefüllt sein. Ein gewisser Teil ohne Blumen kann sogar zu einem harmonischeren Gesamtbild beitragen, anstatt zu einem großen Klumpen zu werden, in dem tausend Dinge gleichzeitig passieren. In der Welt der bildenden Kunst spricht man vom Negativraum als wichtigen Faktor für die Definition der tatsächlichen Form eines Kunstwerks.

Probieren Sie es aus, üben Sie an kleinen Gestecken und schauen Sie sich ruhig auch einmal Videos über Blumenarrangements im Internet an. Sie sind äußerst hilfreich, um einen besseren Eindruck zu erhalten.

Ebenfalls sehr inspirierend finde ich es, Blumengemälde aus der Zeit zwischen dem 17. und dem 19. Jahrhundert zu betrachten, wo verschwenderischer Blumenschmuck groß in Mode war. Noch heute folge ich einigen der namhaften amerikanischen und englischen Blumendamen auf Instagram, die großartige, moderne Blumengestecke zusammenstellen, in denen die alten Prinzipien dieser Gemälde überaus lebendig zum Tragen kommen.

Mein Trockengesteck umfasst Feigenbaumzweige, Hortensie 'Annabelle', getrocknete Farne sowie Samenstände von Purpur-Sonnenhut *(Echinacea purpurea)* und gewöhnlicher Gartenhortensie. Die gräulichen Blätter gehören der Silberraute *(Artemisia schmidtiana)*. Darüber hinaus gibt es noch weitere getrocknete Dinge aus der Natur sowie die Samenstände ganz normaler Rosen.

ANLEITUNG ZUM BINDEN EINES KRANZES

Kränze zu binden ist eine wunderbare Tätigkeit für den Herbst. Ich verwende dazu frische grüne Materialien sowie all die Elemente, die ich im Wald finde, aber auch alle getrockneten Blumen, die ich den ganzen Sommer über gesammelt habe. Der grüne Kranz aus frischem Pflanzenmaterial hält zweifellos am besten, wenn er draußen an einer kühlen Tür aufgehängt wird.

Es gibt einen kleinen Unterschied zwischen dem Binden eines Kranzes mit grünem oder getrocknetem Material. Ich binde den Trockenkranz gern auf einen dünnen Metallring, den ich online kaufe oder aus starkem Eisendraht selbst herstelle. Da der Kranz viele Jahre halten soll, finde ich es in Ordnung, dass er nicht kompostierbar ist. Ich hantiere mit sehr porösem Material, daher denke ich, dass mir der feine Metalldraht zum Binden einfach am besten dient. Den grünen Kranz binde ich normalerweise an einen Rohling aus Stroh, da er dadurch fülliger wird.

Anleitung für einen grünen Kranz

Binden Sie immer von derselben Seite her, das heißt, legen Sie Ihre Materialien stets in dieselbe Richtung zeigend auf den Kranz.

Verwenden Sie eine dünne, aber starke Juteschnur. Diese wickeln Sie zuerst einige Male stramm um den Strohkranz, dann verzwirbeln Sie den Anfang und das Ende miteinander und verknoten sie fest. Traditionell wird beim Binden eines Kranzes ein dünner Blumendraht verwendet. Eine bessere Wahl für die Natur ist jedoch eine dünne Juteschnur oder eine Schnur aus anderen Naturfasern, die anschließend kompostiert werden kann.

Stellen Sie sicher, dass die Außen- und Innenseiten mit Grün bedeckt sind. Dazu grüne Blätter oder Tannenzweige bündelweise außen und innen auf den Strohkranz legen, den Faden herumwickeln und vorwärts in die gleiche Richtung weiterarbeiten.

Sobald die Innen- und die Außenseite Ihres Kranzes bedeckt sind (dies ist eine Anleitung für einen Kranz, bei dem nur die Vorderseite sichtbar ist, weil er an einer Tür oder Wand hängen soll), fahren Sie mit der Oberseite fort – dem Blickfang Ihres Kranzes. Variieren Sie die Materialien. Meiner Meinung nach muss ein Kranz nicht symmetrisch gebunden sein, aber das ist natürlich Geschmackssache.

Ein Bündel von drei oder vier Materialien nebeneinanderlegen, beispielsweise einen Zweig mit Moos, einen Tannenzweig und Blattwerk von Efeu oder Stechpalme, den Faden ein- oder zweimal um die Materialien und den Rohling wickeln und gut festziehen. Den Kranz vor sich auf den Tisch legen, ein weiteres Bündel nehmen und den Vorgang wiederholen. Wechseln Sie ruhig mit den Materialien ab, das sieht meiner Meinung nach spannender aus. Wenn Sie einen symmetrischen Kranz wünschen, halten Sie sich an dieselben Materialien.

Der grüne Kranz auf der rechten Seite links besteht aus Thuja, Eibe, ökologischer, ungespritzter Tanne, Efeu – sowohl Blätter als auch Beeren –, Wacholder, Moos, getrocknetem Heidekraut, Hortensien, Zapfen, Ligusterbeeren und Samenständen von Mohn. Dazu eine schöne kleine Rosette von einer Sukkulente von der Fensterbank.

Der Kranz rechts besteht aus ungespritzter Tanne, Wacholder, Zapfen, Ligusterbeeren, Samenständen von Rosen, schwarzen Algen vom Strand, Amarant und Eukalyptus.

Wenn Sie am Ende angekommen sind, sollten Sie unbedingt kontrollieren, ob irgendwo etwas fehlt und alle Seiten innen und außen bedeckt sind, sodass der Strohkranz nicht sichtbar ist. Wickeln Sie den Faden eine weitere Runde um den Kranz, zurren Sie ihn fest, nehmen Sie ihn doppelt und bilden Sie eine kleine Schlaufe zum Aufhängen. Schneiden Sie nun den Faden ab und sichern Sie ihn gut auf der Unterseite, damit sich nicht plötzlich die Schlaufe öffnet und der Kranz hinunterfällt. Es kann mit dem Vernähen der Fadenenden beim Nähen verglichen werden – verwenden Sie am Ende ruhig eine große Stopfnadel dazu.

Tipp

Falls etwas fehlen sollte, können Sie anschließend noch Material mit einer kleinen Metallkrampe, die auch als Römerhaften oder Strohblumenhaken bezeichnet wird, befestigen. Diese stecken Sie vollständig über den Materialien in den Strohkranz hinein. So können Sie gegebenenfalls Lücken im Kranz füllen. Wenn Sie den Kranz kompostieren möchten, können Sie die Haken herausziehen und im nächsten Jahr wiederverwenden.

Anleitung für einen Haarreif oder Haarkranz mit getrockneten oder frischen Blumen

Einen festlichen Haarreif aus Blumen können Sie leicht selbst herstellen. Diese Anleitung gilt sowohl für frische als auch für getrocknete Blumen, allerdings eignen sich nicht alle Arten von frischen Blumen dazu, da sie viele Stunden ohne Wasser auskommen müssen. Ich empfehle im Folgenden nur solche Blumen, die einige Stunden lang gut halten, ohne zu schnell zu verwelken: Dazu zählen Tagetes, Zinnie, Lavendel, Hortensie, Weicher Frauenmantel, Schafgarbe, Sterndolde, Sumpf-Schafgarbe, Strandflieder, Schleierkraut, Samtgras, kleine Rosenknospen sowie Samenstände von Jungfer im Grünen und Mohn.

Wenn Sie anstelle eines Haarreifs einen Haarkranz anfertigen möchten, gelten dieselben Prinzipien wie für das Kranzbinden. Zuerst den Umfang des Kopfes messen und anschließend ein Stück starken Stahldrahts in passender Länge abschneiden. An den Enden umbiegen und jeweils zu einer kleinen Schlaufe legen. Ein schmales Band hineinstecken, das im Nacken gebunden wird. Achten Sie beim Zubinden des Bandes darauf, dass der Kranz noch für den Kopfumfang passt, bevor Sie mit dem Blumenbinden beginnen. Wickeln Sie als Erstes ein selbst klebendes Blumenklebeband um den Stahldraht, damit die Blumen nicht verrutschen.

Die Blumen sollten zuvor gut mit Wasser gesättigt sein, also schneiden Sie sie ruhig schon am Vortag, so haben sie genügend Zeit, ihren Durst zu stillen.

Bewahren Sie den fertigen Blumenkranz oder Haarreif vor Gebrauch kühl auf. Ich lege den Kranz in den Kühlschrank und nutze feuchte Küchentücher, die ich sowohl unter die Blumen auf einen Teller als auch über die Blumen lege, bis der Kranz zum Einsatz kommt.

Anleitung für einen Haarreif mit getrockneten Blumen

Ich verwende Materialien von Hortensie, lila und weißem Strandflieder, Samtgras, Schleierkraut, Farnen, Salbei, Eukalyptus und Sonnenflügel *(Helipterum)*. Und so gehen Sie vor:

- Materialien für den Haarreif auswählen – die Farben und Formen sollten miteinander harmonieren.
- Die Materialien in kleinere Stücke schneiden.
- Kleine Bündel aus verschiedenen Materialien an den Haarreif binden, immer in die gleiche Richtung zeigend. Ich benutze dazu einen dünnen Metalldraht. So fortfahren und gern variieren, aber dennoch immer wieder getrocknete Farne nehmen, die Form und Farbe unterbrechen.
- Auf diese Weise bis zum Ende arbeiten und den Draht unter den gewickelten Drähten verzwirbeln, damit er sich nicht wieder öffnet – so als würde man eine Näharbeit vernähen. Die Naht ist nicht zu sehen, da sie sich auf der Innenseite befindet. Achten Sie unbedingt darauf, dass kein Teil die Trägerin sticht oder kratzt.

KAPITEL 8

NACHWORT

Liebe Leserin, lieber Leser,

jetzt sind Sie am Ende des Buches angelangt und haben hoffentlich Interessantes über den ökologischen Blumenanbau erfahren. Vielleicht haben Sie sich sogar inspirieren lassen und ein leichtes Kribbeln in Ihrem grünen Daumen verspürt. Zumindest war das meine Absicht.

Es mutet wohl wie ein romantischer Traum an, tagein, tagaus auf einem Blumenfeld inmitten wunderschöner Landschaft zu verbringen, in der die Vögel singen, der Wind sanft durch das Haar weht und die geröteten Wangen so kerngesund aussehen. Und so ist es in Wirklichkeit auch – ein wunderbares Blumenabenteuer. Meistens jedenfalls.

Ich liebe die Tage auf dem Feld und genieße meine Arbeit. Für mich ist es ein Privileg, meine ganze Zeit mit ökologisch gezogenen Blumen verbringen zu dürfen. Ich sehe großen Sinn darin, mich mit wunderschönen Blumen inmitten der Natur zu umgeben und gleichzeitig an einer Änderung dahingehend mitzuwirken, dass wir unsere Selbstverständlichkeiten mit anderen Augen betrachten. Wenn wir wirklich eine grünere Welt wollen, gibt es aus meiner Sicht einen konkreten Anhaltspunkt: damit aufhören, eine umweltschädliche Blumenindustrie noch weiter zu unterstützen. Schwieriger ist dieser neue Ansatz nicht, er beginnt mit einer persönlichen Entscheidung.

Denken Sie nur daran, dass unter den gleichen Prämissen vor einigen Jahren Biolebensmittel auf dem Markt eingeführt werden sollten, und auch das hat einige Zeit gedauert. Das dänische Ökosiegel feierte 2020 seinen 30. Geburtstag, und der ökologische Landbau wächst in allen Teilen der Welt. Der weltweite Umsatz von Bioprodukten hat sich in den letzten zehn Jahren mehr als verdoppelt. Der Zugang zu ökologischen Nahrungsmitteln ist heute in Dänemark viel leichter geworden, wir sind mittlerweile die Nummer zwei auf der Liste der Länder mit dem höchsten Verbrauch an Bioprodukten. Und es ist selbstverständlich geworden, dass wir die Wahl haben.

Meine Hoffnung ist, dass es bald auch selbstverständlich wird, zertifizierte, ökologisch gezogene Blumen zu wählen.

Im Branchenverband für ökologische Blumenproduzenten hoffen wir, dass das Interesse an natürlichen ökologischen Blumen der Saison in Dänemark so groß werden wird, dass sowohl national als auch global entschieden wird, der ökologischen Blumenindustrie unter die Arme zu greifen. Bislang ist es in Dänemark schwierig, ohne wirtschaftliche Förderung zu expandieren und preislich mit Blumen konkurrieren zu können, die Tausende von Kilometern zurückgelegt haben, was an sich schon völlig absurd erscheint. Es sollte doch am günstigsten sein, regionale Produzenten zu nutzen, aber das ist in der Blumenindustrie nicht der Fall. Für Blumenhändler ist es immer noch billiger, auf Großmärkten einzukaufen, die ihre Waren wiederum von Produzenten beziehen, die Tausende von Kilometern entfernt sind.

Hier ein Beispiel, das mich persönlich betrifft, so paradox es auch klingt: Es kostet einen Blumenhändler weniger, an seinem Computer zu sitzen und Blumen aus den Niederlanden zu bestellen, die bis zur Haustür nach Nordsjælland geliefert werden, als mich in Hillerød anzurufen und meinen Lieferservice in Anspruch zu nehmen. Wir sprechen hier von einer Entfernung von 30 Kilometern. Bevor wir die Blumen schneiden, liefern und wieder vom Feld zurückkommen können, sind schnell zwei bis drei Stunden vergangen. Die unzähligen Stunden, die in jede einzelne Blume gesteckt wurden, von der Aussaat, Hege und Auspflanzung bis zur mehrmonatigen Pflege mit Bewässerung, dann noch die Kosten für die Pacht von Land, für Wasser, Schnitt und Lieferung – dies alles summiert sich und ist im Vergleich zu den Produzenten, die über die Niederlande verkaufen, leider nicht wettbewerbsfähig.

Der Anbau von Blumen ist in Dänemark teurer als in Afrika oder Kolumbien, wo die Löhne der Arbeiter nur einen Bruchteil derer in Dänemark betragen. Ich denke, es ist eine Herausforderung, die für die Umwelt richtige Wahl in Zukunft zur ersten Wahl zu machen.

Hoffentlich kann dieses Buch nun viele überzeugende Beispiele dafür liefern, dass Blumen, die ohne Pestizide usw. angebaut wurden, einfach fantastisch sind und genau das können, was Blumen sollen – nämlich für eine Weile Freude und Schönheit schenken. Ganz egal, ob wir unsere eigenen Blumen anbauen oder beim Blumenhändler kaufen, wenn wir unser eigenes oder das Zuhause anderer verschönern möchten: Es ist wichtig, Blumen mit größerer Sorgfalt auszuwählen. Man sollte mehr darauf achten, regional und saisonal einzukaufen. Wenn wir als Blumenkonsumenten öfter nach ökologischen und regional angebauten Blumen fragen, tragen wir dazu bei, Druck auf die Floristen auszuüben. Sie müssten sich dann ihrerseits ebenfalls darauf konzentrieren, ökologisch gezogene Blumen anzubieten.

Gleichzeitig wäre es eine große Hilfe, wenn mehr Blumenhändler den Sprung in die ökologische Bewirtschaftung ihrer Blumenfelder

wagen würden. Dann könnten sie zusammen mit uns vor Ort über die „richtige Wahl" aufklären und den Preis dafür nennen, wenn Kunden das Geschäft betreten. Wir müssen zusammenhalten, wenn wir die Entwicklung in die richtige Richtung umlenken wollen.

Abschließend möchte ich denjenigen unter Ihnen, die von ökologischem Blumenanbau träumen, noch einige Tipps geben:

- Wenn Ihnen danach ist, sich in das große Blumenabenteuer zu stürzen, morgen Ihren Job zu kündigen und ein völlig neues Kapitel in Ihrem Leben aufzuschlagen, dann möchte ich Ihnen direkt sagen: Es ist schwer, durch dieses Projekt reich zu werden.
- Es ist harte, körperliche Arbeit, ein Blumenbauer oder eine Blumenbäuerin zu sein, Sie werden Rückenschmerzen und an langen Tagen Schwierigkeiten haben, Ihre Schuhe zu binden, aber das Gute daran ist, dass Sie wirklich gut schlafen werden.
- Finanzielle Unterstützung von zu Hause oder Geld auf der Bank zu haben ist von großem Vorteil. Es wäre mir nicht möglich gewesen, wenn mein Mann das Projekt nicht unterstützt und unsere Miete mehrere Jahre lang nicht allein hätte bezahlen können. Und wenn ich nicht gleichzeitig auch Ersparnisse gehabt hätte, die ich kontinuierlich nutzen und in den Aufbau meines Geschäfts hätte investieren können.
- Sie müssen eine klare Vorstellung von Ihren potenziellen Vertriebskanälen haben und versuchen, ein Netzwerk um Ihr Blumenabenteuer herum aufzubauen – basierend auf glücklichen Helfern und zufriedenen Abnehmern.
- Wenn Sie ökologisch und nachhaltig arbeiten möchten, müssen Sie sich gut informieren und sich fundierte Kenntnisse im ökologischen Landbau aneignen.
- Es dauert rund zwei Jahre, ein Stück Land auf ökologische Richtlinien umzustellen. Beginnen Sie also einfach mit der Prozedur. Je mehr ökologisch gezogene Blumen auf dem Markt sind, desto einfacher ist es für die Kunden, sie zu bekommen.
- Sie können sich, so wie ich auch, mit einem Biobauernhof verbünden, wo die Felder bereits ökologisch zertifiziert sind. Dann können Sie sofort anfangen und unter der Leitung des Landwirts Ausnahmen beantragen und zusammen mit ihm in seinem Namen Düngemittelkonten erstellen. Sie können auch Ihr eigenes Zertifikat beantragen, wenn Sie das Land pachten. Aber es wäre ratsam, es im ersten Jahr in Zusammenarbeit mit einem Landwirt zu versuchen und zu sehen, ob diese Art der Beschäftigung überhaupt etwas für Sie ist. Ebenfalls wichtig und notwendig ist es, einen Berater in ökologischen Angelegenheiten hinzuzuziehen, da sowohl Düngemittelkonten als auch andere Formalitäten am Anfang schwer zu durchschauen sind.
- Denken Sie immer daran: Nach dem Öko-Landbaugesetz dürfen Sie Ihre Blumen nicht als ökologische Blumen vermarkten oder zu Verkaufszwecken behaupten, sie seien „nach ökologischen Prinzipien" angebaut worden, es sei denn, Sie haben das entsprechende Zertifikat. Nur Produzenten, die den langen und mühsamen Weg gehen, um zu gewährleisten, dass die gesamte Kette kontrolliert werden kann, haben laut Gesetz das Recht, sie mit dem im Verkaufstext enthaltenen Hinweis „ökologisch" zu verkaufen.

DIE AUTORIN

Rikke Tina Ulnits Lentz ist autodidaktische Öko-Blumenbäuerin und baut seit 2017 in Vollzeit Blumen an. Ihre Botschaft lautet, dass es zur konventionellen Blumenindustrie eine lohnende Alternative gibt, bei der die Blumen regional angebaut werden und ohne Verwendung von Chemikalien ökologisch zertifiziert sind. Rikke ist ausgebildete Sozialarbeiterin mit einem Master in sozialem Unternehmertum. Ihr ökologisch bewirtschafteter Blumengarten enthält auch ein soziales Element – er dient als Treffpunkt für all diejenigen, die mehr über den Blumenanbau erfahren und die Heilkräfte der Natur am eigenen Leib erspüren möchten.

DIE FOTOGRAFIN

Tina Brok Hansen ist freiberufliche Fotografin und Autorin, sie hat die Blumenbäuerin Rikke Lentz drei Jahre lang bei der Arbeit auf ihren Blumenfeldern begleitet. In den letzten sechs Jahren hat Tina unzählige Artikel für dänische Magazine mit dem Schwerpunkt Ökologie und nachhaltiges Leben geschrieben. Von ihr stammt auch das Bildmaterial für mehrere Kochbücher und zuletzt für das Buch *Høst ved havet* (Ernte am Meer), in dem es um das Sammeln von Seetang und vielen weiteren Pflanzen am Meer geht.

DANK

Es gibt viele, die auf dem Weg zu meinem ökologischen Blumenabenteuer mitgeholfen haben, und dafür bin ich sehr dankbar. Ich möchte mich bei jeder und jedem Einzelnen von euch bedanken, denn hier in der großen Blumenbauernbilanz hat alles etwas zu bedeuten.

Vielen Dank für die Inspiration – Gartentipps und Pflanzentausch: B. Perkey – Semperflorens, L. Sonne, M. Selvig, H. Hornum, S. Mau, H. Gynthersen, J. Juhl, B. Gerbøll, N. Mills und alle Blumenbauern in Dänemark, die Blumen im Einklang mit der Natur anbauen. Und natürlich viele Grüße an Erin von Floret Flowers, die mir so geschickt auf dem letzten Stück Weg ins Blumenabenteuer einen Schubs gegeben hat. Vielen Dank, Erin, dass du so eine fantastische Inspirationsquelle für mich bist!

Danke an meine Familie für das Schulterklopfen und die Liebe, besonders an die Kleinen, die in fast jedem Raum des Hauses Saatschalen, Blumen für den Gartenkiosk, Knollen und Erde tolerieren. Vielen Dank an meine Freunde, die es ertragen, dass ich so in mein eigenes Blumenprojekt vertieft bin, und an meine Mutter und meinen Vater für die Inspiration.

Vielen Dank für die Unterstützung: Vang & Stensgaard, Bo Bedre, Isabellas, Hendes Verden, Ugebladet Søndag, Boligliv, Frederiksborg Amtsavis, Havefolket, Haveselskabet, Muusmann Forlag, Økotopen, Fotograf Matius Morales und Tankestreger für die schönen Illustrationen.

Vielen Dank an die Korrektoren: Aase Nissen vom Blumenladen Din Planteven und Julie Swane, für die vielen Stunden, die ihr mit meinem Manuskript verbracht habt.

Vielen Dank an alle Facebook- und Instagram-Freunde für Likes, Herzen und Daumen hoch.

Vielen Dank an alle Unterstützer vom Havekiosk. Ohne euer Interesse und euren Besuch im Gartenkiosk hätte ich mich nicht weiter auf das Blumenabenteuer eingelassen.

Danke an alle wunderbaren Kursteilnehmer, Kunden und Besucher. Keep coming!

Vielen Dank an Tisvilde Kro, Tisvilde Strandhotel und Helenekilde Badehotel für das Nutzen ihrer Räumlichkeiten für Fotoshootings.

Vielen Dank für Geschenke und Vertrauen in mein Projekt: N. S. Pleidrup, Lyngeshop, Lyngby Porcelæn, Champost, Sølund Huse, Overdam Planteskole, Lise Trampedach, Bergs Potter, Zinkbakken, Sticks'n'Sushi, Hededanmark, Gartneriet Toftegaard, Solsikken, Shangies by Stilov und Staudestedet.dk.

Ein ganz besonderes Dankeschön an Familie Hage, die das Blumenabenteuer entfacht hat, und an alle fantastischen Freiwilligen, die mit ihren Bemühungen und ihrer guten Laune geholfen haben. Vielen Dank an alle Praktikanten und der Auszubildenden S. Y. Svensson für euer Engagement. Vielen Dank an Jens Juhl für seinen kompetenten Beitrag zu diesem Buch.

Ein großes Dankeschön an dich, liebe Tina Brok Hansen. Ohne deinen Glauben, deine Faszination und Unermüdlichkeit für das ökologische Blumenabenteuer wäre dieses Buch nicht entstanden.

Last, but not least danke ich M. Lentz, meinem lieben Ehemann, für das Vertrauen und die Unterstützung des Projekts – und natürlich DANKE an alle MLTR-Fans auf der ganzen Welt, die das Blumenabenteuer tatsächlich möglich gemacht haben.

– Rikke

Vielen Dank an Rikke Lentz, weil du mich dazu animiert hast, dass ich drei Jahre lang auf deinen Blumenfeldern herumgelaufen bin. Außerdem für deine Geduld, als ich dich mehr als einmal in einer seltsamen Pose stehen haben wollte oder du die Dinge für mich noch einmal wiederholen musstest, damit ich sie mit der Kamera einfangen konnte. Danke, dass du mir in diesen Jahren einen so tiefen Einblick in dein wunderschönes ökologisches Blumenuniversum gegeben hast.

– Tina

HÄNDLERLISTE

Biosaatgut:
Deutschland:
www.bingenheimersaatgut.de/de
www.jelitto.com/de/Saatgut/Bio+Saatgut
www.dreschflegel-saatgut.de
bio-saatgut.de
shop.duerr-samen.de/biosaatgut.html
www.sativa.bio/de
biogartenversand.de
www.blauetikett.de
culinaris-saatgut.de

Österreich:
www.arche-noah.at
www.bionana.shop
www.bloomling.at/samen?&f[27]=3606
www.reinsaat.at
oder bei lokalen Händlern

Schweiz:
www.arthasamen.ch
www.prospecierara.ch
www.sativa-rheinau.ch

Facebook Saatguttauschgruppen:
Saatgut-Tauschbörse (öffentliche Gruppe), getauscht werden können Saatgut, Ableger, Stecklinge oder Pflanzen.

Empfehlung für Erde/Dünger:
www.duengme.de
www.dehner.de/pflanzen-erde-duenger-schutz-blumenduenger
Lokale Gartencenter
Komposterde von der Recyclingstation
Pferdemist von der örtlichen Reitschule
Mein Tipp: Bereiten Sie Ihren eigenen Kompost auf.

Große Auswahl an Pflanzen und Gartenzubehör (z.T. auch ökologische Pflanzen und ökologisches Saatgut), umfangreiche Onlineshops:
www.dehner.de/garten
www.pflanzen-mauk.de
www.pflanzen-koelle.de
www.amber-traumgarten.de
www.lebensinseln-shop.de
www.gaissmayer.de

EMPFOHLENE LEKTÜRE

Benzakein, Erin: *Mein wunderbarer Blumengarten: Floret Flower Farm*, 2018, ISBN 978-3421040886

De Colle, Margrit: *Bio-Schnittblumen aus dem eigenen Garten: Die besten Anbautipps und die schönsten Gestaltungsideen fürs ganze Jahr. Für Balkon, Beet und Blumengarten*, 2015, ISBN 978-3706625791

Dusoir, Rory: *Planting the Oudolf Gardens*, 2020, ISBN 978-1999734534

Heistinger, Andrea: *Das große Biogarten-Buch*, 2021, ISBN 978-3706625166

Hucht, Deborah und Florian: *Alles auf Grün – Das Handbuch für nachhaltige und klimafreundliche Gartengestaltung*, 2021,ISBN 978-3745902969

Koglin, Ilona: *Gärtnern für eine bessere Welt*, 2018, ISBN 978-3440160749

Lugerbauer, Katrin: *Blütenreich: Ausdauernde und außergewöhnliche Gestaltungsideen mit Blumenzwiebeln und Stauden*, 2019, ISBN 978-3835418615

Oudolf, Piet: *Gärten inspiriert von der Natur: Die schönsten Stauden und Gräser*, 2021, ISBN 978-3967470307

Oudolf, Piet: *Planting: A New Perspective*, 2013, ISBN 978-1604693706

Schacht, Mascha: *Mein Blumengarten: Wie er mir gefällt*, 2017, ISBN 978-3800109289

Walton, Gerda: *Große Liebe Blumengarten: Tipps, Tricks, Knohow und Inspirationen fur Ihr Paradies. Das Praxisbuch für Garten-Neulinge und Profis*, 2015, ISBN 978-3706625593

PFLANZENLISTE

DEUTSCHE UND WISSENSCHAFTLICHE NAMEN

ZUR AUTORIN

Rikke Lentz ist passionierte Bio-Blumenbäuerin und baut seit 2017 hauptberuflich Blumen an mit dem Ziel, eine Alternative zur konventionellen Blumenindustrie zu schaffen. Ihre Blumen baut sie lokal an und züchtet sie komplett ökologisch, ohne Chemikalien, und sie achtet auf eine ökologische und natürlich bienenfreundliche Umgebung.
Rikke ist ausgebildete Sozialarbeiterin mit einem Masterabschluss in sozialem Unternehmertum. Ihr Blumengarten ist daher auch ein soziales Unternehmen: Er dient als offener Treffpunkt und Lehrort für diejenigen, die mehr über den nachhaltigen Blumenanbau erfahren und die heilende Kraft der Natur spüren möchten. Auch online teilt sie Ihre Erfahrungen und blumigen Kreationen (Rikkes Webseite und Instagram: *bredehavekiosk.dk*).

IMPRESSUM

Hinter jedem tollen Buch steckt ein starkes Team

Projektkoordination der deutschen Ausgabe: *Ina Stewart*
Übersetzung aus dem Dänischen:
Andrea Hauss-Honkanen
Satz und Lektorat der deutschen Ausgabe:
bookwise medienproduktion GmbH, München
Umschlag und Design: *Muusmann Forlag*
Fotografie: *Tina Brok Hansen*
Herstellung: *Frank Jansen*
Producing: *Jan Russok*
Druck & Bindung: *aprinta druck GmbH, Wemding*

Originaltitel:
Økologiske blomster
Blomsterbondens dyrk-selv guide
Af Rikke Lentz
© 2020 Muusmann Forlag, København

Diese Ausgabe erscheint bei der Edel Verlagsgruppe GmbH als Lizenzausgabe von:
Muusmann Forlag
Bredgade 4
1260 København K, Dänemark

Das Kopieren aus diesem Buch darf nur von Institutionen erfolgen, die mit Copydan einen Vertrag abgeschlossen haben, und nur in dem im Vertrag genannten Rahmen. Es ist erlaubt, in Rezensionen mit Zitat zu zitieren.

Denne udgave udgivet af Edel Verlagsgruppe GmbH under licens fra:
Muusmann Forlag
Bredgade 4
1260 København K, Dänemark

Kopiering fra denne bog må kun finde sted på institutioner, der har indgået aftale med Copydan, og kun inden for de i aftalen nævnte rammer.
Det er tilladt at citere med kildeangivelse i anmeldelser.

Deutsche Erstausgabe 2022
1. Auflage 2022
© 2022 Edel Verlagsgruppe GmbH
Kaiserstraße 14 b
D-80801 München
ISBN: 978-3-96584-142-0

LIEBE LESER*INNEN

wie schön, dass Sie ein Buch von ZS in den Händen halten. „jetzt leben!“ ist das Motto unseres Verlages. Es steht für Genuss und Inspiration, Unterstützung und Motivation. Ob Kulinarik oder Fitness, Gesundheit oder Lebenshilfe – seit über 30 Jahren bieten wir kompetente Ratgeber für (fast) alle Lebenslagen. Wir lieben Tradition genauso wie Innovation – sie treiben uns an. Unsere Autor*innen sind Menschen, die zu ihrem Thema wirklich etwas zu sagen und zu schreiben haben. Unsere Produkte sind erzählerisch, appetitmachend und als gedruckte Bücher haptisch echte Erlebnisse. Für Sie mit ganz viel Liebe gemacht! Entdecken Sie mehr aus unserer wunderbaren Welt!

UNSER VERLAGSHAUS

Mit Standorten in München, Hamburg und Berlin zählt die Edel Verlagsgruppe zu den größten unabhängigen Buchanbietern Deutschlands. Zur Edel Verlagsgruppe gehört unter anderem ZS mit seinen Lizenzmarken Dr. Oetker Verlag, Kochen & Genießen und Phaidon by ZS.

ZS – Ein Verlag der Edel Verlagsgruppe
www.zsverlag.de
www.facebook.com/zsverlag
www.instagram.com/zsverlag

FÜR DIE UMWELT

ZS unterstützt bei der Produktion dieses Buches das Projekt „Junge Riesen für die nächsten 100 Jahre“ im Naturpark Nossentiner/Schwinzer Heide. Damit wird ein Anteil der unvermeidbaren CO_2-Emissionen im direkten Umfeld des Produktionsstandortes kompensiert.

PARTNER Naturpark Nossentiner/Schwinzer Heide
www.optimal-media.com/naturschutzprojekt-001

NEWSLETTER

Ab sofort Wissenswertes rund um das Thema Gesundheit und praktische Tipps zu Ernährung sowie Bewegung nicht mehr verpassen!

Melden Sie sich jetzt beim ZS Newsletter an und bleiben über neue Bücher, Themenschwerpunkte und News immer informiert.

ANMELDEN!

Jetzt anmelden unter:
www.zsverlag.de/newsletter

GEWINNEN

Unter allen Neuabonnierenden verlosen wir jeden Monat 10 neue Bücher und jährlich eine Gesundheits-Box von ZS.

Anbauen, ernten, kochen, genießen!

Thorsten Südfels,
Meike Stüber und Adam Koor
Garden – Ein Kochbuch

39,- € [D]
ISBN 978-3-89883-870-2

Von der Hand in den Mund!

Jetzt überall,
wo es gute Bücher gibt.